Gerrid Setzer

Anker der Seele

Inhalt

Ein Wort vorab 7

Das Heil 9
   Was umfasst das Heil? 9
   Wie bekommt man das Heil? 10
   Wie bekommt man das Heil nicht? 12

Die Gewissheit 15

Bin ich errettet? 17
   Ich habe zu viel Schuld auf mich geladen 17
   Ich habe nicht genug Buße getan 18
   Ich habe nicht alle meine Sünden bekannt 19
   Ich habe nicht genug geglaubt 20
   Ich habe es mir zu einfach gemacht 22
   Ich kann es nicht für mich in Anspruch nehmen 24
   Ich warte darauf, dass Gott es mir klarmacht 25
   Ich weiß den Tag meiner Bekehrung nicht 27
   Ich fühle nicht, dass ich errettet bin 28
   Ich fürchte mich ständig vor Gottes Gericht 30
   Ich habe nicht die Freude eines Christen 32
   Ich liebe den Herrn Jesus nicht genug 33
   Ich merke nichts vom Tod des „alten Menschen" ... 35
   Ich sehe nichts von dem neuen Leben 37
   Ich schaffe es nicht, für Gott zu leben 39
   Ich vermisse die Frucht des Geistes 41
   Ich bekomme keine Gewissheit des Heils 42
   Ich möchte endlich Gewissheit haben 43

Ich habe die Sünde zum Tod begangen 47
Ich habe den Geist gelästert 50
Ich bin nicht auserwählt 57
Ich bin zur Verdammnis bestimmt 59

Bleibe ich errettet? 63
   Die Gnade Gottes 64
   Die Vergebung der Sünden 65
   Die Gabe des ewigen Lebens...................................... 66
   Die Gabe des Heiligen Geistes 66
   Der Ratschluss Gottes 67
   Die Kronzeugen der Heilssicherheit 69
   Weitere Bibelstellen zur Heilssicherheit................... 71
   Sind nicht manche vom Glauben abgefallen?........... 72
   Haben wir einen Freibrief zum Sündigen? 73
   Und die vielen Bibelstellen? 75

Ein Wort zum Schluss 86

Bibelstellenverzeichnis 90

Ein Wort vorab

Gott hat uns in der Bibel den Weg zum ewigen Heil gezeigt. Millionen Menschen sind diesen Weg gegangen. Sie haben ihre Sünden bekannt und an das Erlösungswerk des Herrn Jesus geglaubt. Heute sind sie glückliche Kinder Gottes, die wissen, dass Gott ihnen die Sünden abgenommen und ihnen ewiges Leben gegeben hat. Sie genießen seine Liebe und freuen sich darauf, in der Ewigkeit bei Jesus Christus im Himmel zu sein.

Doch nicht alle, die sich bekehrt haben, sind sich ihres Heils gewiss. Viele werden von Zweifeln an ihrer Errettung geplagt. Sie fragen: Habe ich bei der Bekehrung alles richtig gemacht? Warum sündige ich noch so oft? Habe ich etwas getan, was Gott nicht vergeben kann? Werde ich doch noch verloren gehen, wenn ich nicht treu genug bin?

Von Schiffen werden Anker herabgelassen, damit sie nicht von starken Winden weggetrieben werden. Auch unsere Seelen brauchen einen Anker, um ruhig bleiben zu können, wenn der Teufel an den Fundamenten unseres Glaubens rüttelt. Der *Anker der Seele* sind die Zusagen von Gottes Wort. Deshalb werden in diesem Buch zahlreiche Bibelstellen angeführt und jeder Abschnitt schließt mit einem Zitat aus der Bibel. Wenn wir unseren Glauben an Gottes Wort festmachen, bekommen wir Gewissheit, dass wir Gott gehören und das himmlische Ziel erreichen werden.

Mit Unsicherheit und Zweifeln kann man schlecht leben. Das gilt besonders, wenn es um die Ewigkeit, wenn es um Himmel und Hölle geht. *Wir brauchen Gewissheit!* Und genau dahin will dieses Buch führen. Es soll uns allen Mut machen, dem *Wort Gottes* zu vertrauen und ein siegreiches Christenleben zu führen. Zu Gottes Ehre und zu unserem Segen.

Das Heil

Bevor wir uns der konkreten Frage zuwenden, wie man Zweifel abschütteln und zur *Heilsgewissheit* kommen kann, wollen wir sehen, was die Bibel allgemein über das *Heil* Gottes und die *Gewissheit* des Glaubens zu sagen hat.

Was umfasst das Heil?

Wer an Jesus Christus als seinen Herrn und Heiland glaubt, ist ein Kind Gottes. Sehen wir uns einige Segnungen der Kinder Gottes an, um so einen Panoramablick über das *Heil Gottes* zu gewinnen.

Kinder Gottes …

- haben die *Vergebung* der Sünden und werden nicht von Gott bestraft (Apg 2,38; 5,31; 10,43; 13,38).
- wurden von Gott *gerechtfertigt*, also zu Gerechten erklärt, und fürchten keine Verdammnis (Apg 13,39; Röm 5,1).
- sind *erlöst* und befreit vom Gerichtsurteil Gottes (1. Kor 1,30; 1. Pet 1,18.19).
- sind mit Gott *versöhnt* und nicht mehr von Ihm entfremdet (Röm 5,10.11; 2. Kor 5,18; Kol 1,22).
- wurden *gerettet* und gehen nicht verloren (Lk 19,10; 1. Kor 1,18).

- sind für Gott *geheiligt,* also für Ihn beiseitegestellt, und nicht mehr durch die Sünde entweiht (1. Kor 1,30; 6,11).
- haben *neues Leben* und nicht mehr nur eine verdorbene Natur (Joh 3,3-8; 1. Pet 1,23).
- sind *lebendig gemacht* und nicht mehr tot in Sünden und Vergehungen (Joh 5,24.25; Eph 2,5; Kol 2,13).
- besitzen die *Kraft aus der Höhe*, den Heiligen Geist, und sind nicht mehr kraftlos (Lk 24,49; Apg 1,8).

Das Heil Gottes ist großartig! Großartig ist auch, dass Gott sein Heil allen Menschen anbietet. Er will, dass alle zur Buße kommen und errettet werden (2. Pet 3,9; 1. Tim 2,4). Sein Angebot der Gnade gilt auch dir.

So steht geschrieben, dass der Christus leiden und am dritten Tag auferstehen sollte aus den Toten und in seinem Namen Buße und Vergebung der Sünden gepredigt werden sollten allen Nationen.
(Lukas 24,46.47)

Wie bekommt man das Heil?

Der Herr Jesus forderte die Menschen auf: „Tut Buße und glaubt an das Evangelium" (Mk 1,15). Und der Apostel Paulus bezeugte die Buße zu Gott und den Glauben an den Herrn Jesus Christus

(Apg 20,21). Wer *Buße* tut und *glaubt*, bekommt das Heil Gottes (Röm 1,16; 2. Kor 7,10). Christen rufen den Menschen daher heute noch zu: „Tut nun Buße und bekehrt euch, damit eure Sünden ausgetilgt werden", und: „Glaube an den Herrn Jesus und du wirst errettet werden" (Apg 3,19; 16,31).

Was bedeutet es, *Buße* zu tun? Es bedeutet, anzuerkennen, dass du ein verlorener Sünder bist und die Hölle verdient hast (Röm 3,23). Du brauchst keine Bußübungen zu verrichten oder Strafgelder zu zahlen, sondern du verurteilst dein bisheriges Leben vor Gott, lässt dein Vertrauen auf deine guten Werke fahren und wendest dich von der Sünde weg. Buße ist die Kapitulation des Sünders vor einem heiligen Gott. Wer Buße tut, setzt seine Unterschrift unter die Worte: „Ich bin schuldig, ich bin verloren, ich kann mich selbst nicht retten!"

Was bedeutet es, an den Herrn Jesus *zu glauben?* Es bedeutet, auf den Herrn Jesus zu vertrauen, dass nur Er retten und den Weg zum Himmel öffnen kann. Er kam für verlorene Sünder in diese Welt und ließ sein Leben als Lösegeld für dich und mich (1. Tim 1,15; 2,5.6). Seine Auferstehung ist der Beweis dafür, dass Gott sein Werk am Kreuz angenommen hat und dass Er jeden retten wird, der allein auf das Erlösungswerk Jesu Christi vertraut.

Als die selbstgerechten Pharisäer einmal darüber murrten, dass Jesus mit verachteten Randfiguren der Gesellschaft aß, sagte der Herr ihnen die treffenden Worte: „Nicht die Gesunden brauchen einen Arzt, sondern die Kranken; ich bin nicht gekommen, Gerechte zu rufen, sondern Sünder zur Buße" (Lk 5,31.32). Ein Kranker muss sich zu zwei Dingen durchringen, wenn ihm geholfen werden soll: Er muss zugeben, dass er krank ist, und er muss zum Arzt gehen. Und so ist es auch mit dem sündigen Menschen, der das ewige Heil empfangen will: Er muss *Buße tun* und damit anerkennen, dass er verloren ist, und er muss an den „großen Arzt der Seele", Jesus Christus, *glauben*.

Das Evangelium ist Gottes Kraft zum Heil jedem Glaubenden. (Römer 1,16)

Wie bekommt man das Heil nicht?

Viele Leute – auch solche, die sich Christen nennen – *meinen*, ihre Sache mit Gott sei in Ordnung, obwohl sie nie Buße getan und ihr Vertrauen nie auf den Herrn Jesus Christus gesetzt haben. Sie gehen auf Irrwegen, die im Verderben enden. Bedenken wir daher gut, was *nicht* zum Heil führt!

Niemand wird errettet, …

- der nur an die Existenz Gottes glaubt, denn das tun auch die Dämonen (Jak 2,19). Gefordert ist der Glaube an das Evangelium Gottes (Röm 1,16).
- der irgendeiner *Religion anhängt*, denn nur in

dem Namen Jesus ist Heil (Apg 4,12).
- der versucht, die *Zehn Gebote zu halten*, denn das Gesetz führt zur Erkenntnis und nicht zur Vergebung von Sünden. Gerechtfertigt wird nur der Glaubende (Apg 13,38.39).
- der von den Worten und Werken Jesu *lediglich beeindruckt* ist, *ohne* eine neue Geburt erlebt zu haben (Joh 2,23-3,3).
- der Jesus *Herrn nennt*, aber nicht den Willen Gottes des Vaters tut (Mt 7,21).
- der sich den Himmel durch *eigene Werke* verdienen will, da Gott nur *ein* „Werk" von dem Sünder fordert: an den zu *glauben*, den Er gesandt hat (Röm 3,28; Eph 2,8.9; Joh 6,28.29).
- der meint, durch *die Taufe* würde man in den Himmel kommen, denn das geschieht allein dadurch, dass man dem gekreuzigten Heiland vertraut (vgl. Lk 23,42.43).
- der denkt, das *Abendmahl* würde ausreichen, um Vergebung der Sünden zu erlangen. Denn das Abendmahl ist ein *Gedächtnismahl* für die, die Christus als ihren Erlöser lieben und wissen, dass sie Vergebung allein durch den Glauben an den Namen des Herrn Jesus empfangen haben (Lk 22,19; Apg 10,43).
- der sich auf ein *frommes Elternhaus* verlässt. Denn die Gotteskindschaft ist nicht vererbbar. Gott hat nur Kinder, keine Enkelkinder! *Jeder* muss *selbst* den Herrn anrufen und Ihn im Glauben aufnehmen (Röm 10,12.13; Joh 1,12.13).

Wenn ein Schaffner durch den Zug geht, interessiert ihn nur, ob die Reisenden eine Fahrkarte haben oder nicht. Natürlich freut er sich, wenn er nett begrüßt und höflich behandelt wird, aber entscheidend ist für ihn die Fahrkarte. Dementsprechend unterteilt er die Fahrgäste in zwei Kategorien: in solche, die einen gültigen Fahrausweis haben, und in solche, die keinen haben. Auch die Menschheit kann in zwei Gruppen eingeteilt werden: in die, die gerettet werden, und in die, die verloren gehen (1. Kor 1,18). Gerettet sind die, die auf das Werk des Herrn Jesus am Kreuz vertrauen. Sie werden das Ziel, den Himmel, erreichen. Verloren sind die, die auf einem anderen Weg mit Gott versöhnt werden wollen. Sie enden in der Hölle, nicht im Himmel.

Wir wissen, dass der Mensch nicht aus Gesetzeswerken gerechtfertigt wird, sondern nur durch den Glauben an Jesus Christus. (Galater 2,16)

DIE GEWISSHEIT

Die Bibel zeigt klar den Weg zum Heil. Sie zeigt aber auch ebenso deutlich, dass Gläubige ihres Heils *gewiss* sein können. Es ist keine Anmaßung, wenn ein Gläubiger davon spricht, dass er ein Kind Gottes ist und ganz sicher in den Himmel kommen wird. Christen müssen nicht auf die Ewigkeit warten, um zu erfahren, ob sie errettet sind – das dürfen sie heute schon wissen (z. B. 1. Kor 15,49; Kol 3,4; 1. Joh 3,2). Gott will, dass jeder Glaubende zur *vollen Gewissheit* gelangt (vgl. Kol 2,2; Heb 6,11; 10,22).

Gott hat sein Wort gegeben, damit Menschen durch den Glauben ewiges Leben *empfangen*. Das sagt Johannes 20,31: „Diese [Zeichen] aber sind geschrieben, damit ihr glaubt, dass Jesus der Christus ist, der Sohn Gottes, und damit ihr glaubend Leben habt in seinem Namen." Aber Gott hat uns auch sein Wort gegeben, damit Christen *wissen*, dass sie ewiges Leben besitzen. Das zeigt 1. Johannes 5,13: „Dies habe ich euch geschrieben, damit ihr wisst, dass ihr ewiges Leben habt, die ihr glaubt an den Namen des Sohnes Gottes." Hast du geglaubt, dass du verloren bist und dass nur der Herr Jesus dir ewiges Leben geben kann? Und glaubst du auch, dass du nun ewiges Leben *hast*?

Gott will jeden, der sich bekehrt hat, zur Gewissheit des Heils führen. Denn wenn sie fehlt, wird das geistliche Wachstum gehemmt, die Anbetung geschwächt und der Dienst für den Herrn zu einer Last. Die Angst vor der Hölle überschattet das ganze Leben. Damit darfst du dich auf keinen Fall abfinden. Und deshalb wollen wir diese Frage der Heilsgewissheit jetzt angehen!

Aus dem Labyrinth des Zweifelns wirst du nur mit der Bibel in der Hand herausfinden. Darum möchten wir bei allen Überlegungen stets die Bibel zur Grundlage nehmen, ihre Aussagen auf uns wirken lassen und unser ganzes Vertrauen darauf setzen. Das Wort Gottes ist der Anker der Seele.

Dies habe ich euch geschrieben, damit ihr wisst, dass ihr ewiges Leben habt, die ihr glaubt an den Namen des Sohnes Gottes. (1. Johannes 5,13)

Bin ich errettet?

Ich habe zu viel Schuld auf mich geladen. Zwar habe ich Gott meine Sünden bekannt, aber ich weiß nicht, ob Er mein Bekenntnis angenommen hat. Es ist einfach zu viel in meinem Leben vorgefallen.

Bedenke, dass schon eine einzige Sünde genügt, um verloren zu gehen. Bereits *eine* Sünde macht den Menschen völlig von der Gnade Gottes abhängig. Und für die Gnade macht es keinen Unterschied, wie groß die Schuld ist, die sie austilgt. Gott vergibt *jedem* Menschen *alle* Sünden, wenn er in Buße und Glauben zu Ihm kommt. „Wenn eure Sünden wie Scharlach sind", schreibt der Prophet Jesaja, „wie Schnee sollen sie weiß werden; wenn sie rot sind wie Karmesin, wie Wolle sollen sie werden" (Jes 1,18). Ja, „jeder, der irgend den Namen des Herrn anruft, wird errettet werden" (Apg 2,21).

Paulus, der sich der *erste der Sünder* nennt, wurde Barmherzigkeit zuteil (1. Tim 1,15.16). Wenn nun der, der die Reihe der Sünder anführt, gerettet werden kann, dann auch alle anderen Sünder! Ich habe einmal die Geschichte gehört, dass bei der Einweihung des New Yorker Hafens das damals größte Schiff in den Hafen gezogen wurde. Damit wurde allen Kapitänen klar, dass auch ihr kleineres Schiff einlaufen konnte. Wenn der *größte Sünder* gerettet wurde, dann wird Gott auch dein

Schuldbekenntnis und deine Buße angenommen haben.

Das Wort ist gewiss und aller Annahme wert, dass Christus Jesus in die Welt gekommen ist, um Sünder zu erretten, von denen ich der erste bin. Aber darum ist mir Barmherzigkeit zuteil geworden, damit an mir, dem ersten, Jesus Christus die ganze Langmut erzeige, zum Vorbild für die, die an ihn glauben werden zum ewigen Leben. 1. Timotheus 1,15.16

Ich habe nicht genug Buße getan. Ich befürchte, dass ich zu wenig empfinde, was meine Schuld ausmacht. Damit kann Gott nicht zufrieden sein.

Gott fordert jeden Menschen auf, Buße zu tun (Apg 17,30). Manche folgen diesem Gebot, andere weigern sich. Hier gibt es nur ein Entweder-oder! Davon, dass jemand nicht *genug* Buße getan hätte, lesen wir in der Bibel nichts.

Die Schwierigkeit entsteht dadurch, dass Empfindungen der *Reue* mit der einmaligen *Buße* des Sünders verwechselt werden. Das Empfinden darüber, wie schlecht unsere Taten gewesen sind, ist veränderlich und kann nicht ausschlaggebend dafür sein, dass wir Vergebung bekommen. Vergebung hängt davon ab, ob wir überhaupt Buße getan haben – ob wir vor Gott kapituliert und eingestanden haben, dass wir schuldig sind.

Außerdem hat nie jemand genug über seine Sünden Leid getragen, denn Gottes heilige Maßstäbe sind unerreichbar für uns Menschen. In seinen Augen ist eine einzige Sünde schlimmer als für uns alle Sünden der Welt zusammengenommen. Wir sehen die Sünden nie so, wie Gott sie sieht. Doch wer *einmal* als Sünder über seine Schuld *Buße getan hat*, darf wissen, dass er neues Leben und ewiges Heil besitzt (Apg 11,18; 2. Kor 7,10).

Hast du Buße getan und dein Vertrauen allein auf den Herrn Jesus gesetzt? Dann war Freude über dich im Himmel (Lk 15,7.10). Und auch du darfst dich freuen.

Ich sage euch: Ebenso wird Freude im Himmel sein über einen Sünder, der Buße tut. Lukas 15,7

Ich habe nicht alle meine Sünden bekannt. Was jetzt? Wenn mir eine Sünde nicht vergeben wird, bin ich verloren.

Wenn *alle* sündigen Gedanken, Worte und Taten vor Gott bekannt werden müssten, würde kein Mensch in den Himmel kommen. Denn niemand kann sich an alles Böse erinnern, was er von Kindesbeinen an getan hat.

Unser Sündenbekenntnis muss nicht *lückenlos* sein, sondern *rückhaltlos*. Das bedeutet, dass alles, was auf dem Gewissen lastet, ausgesprochen und nichts bewusst zurückgehalten wird.

Wer *aufrichtig* seine Sünden bekennt, dem werden sie vergeben (vgl. Apg 8,22). Das kurze ehrliche Gebet des Zöllners „O Gott, sei mir, dem Sünder, gnädig!" führte dazu, dass er gerechtfertigt wurde (Lk 18,13).

In 1. Johannes 1,9 steht: „Wenn wir unsere Sünden bekennen, so ist er treu und gerecht, dass er uns die Sünden vergibt und uns reinigt von aller Ungerechtigkeit." Bekennen wir die Sünden, die uns bewusst sind, dann werden wir von *aller* Ungerechtigkeit gereinigt. Wer als verlorener Sünder dem Herrn Jesus vertraut, erfährt die Reinigung von *aller* Sünde durch sein Blut (1. Joh 1,7). Wenn du an den Herrn Jesus geglaubt hast, wird Gott dir nie mehr eine einzige Sünde zur Last legen (Heb 10,17).

Der Zöllner aber, von fern stehend, wollte nicht einmal die Augen zum Himmel erheben, sondern schlug sich an die Brust und sprach: O Gott, sei mir, dem Sünder, gnädig! Ich sage euch: Dieser ging gerechtfertigt hinab in sein Haus. (Lukas 18,13.14)

Ich habe nicht genug geglaubt. Mein Glaube ist nicht stark genug!

Entscheidend ist nicht, dass unser Glaube *stark*, sondern dass er *echt* ist. Ein starker Glaube bringt zwar *größere Ruhe* für das Herz, aber keine größere *Sicherheit* vor dem Gericht Gottes.

Ich möchte diesen Punkt anhand einer bemerkenswerten Vorschrift aus dem Alten Testament illustrieren. In Israel gab es sechs Zufluchtsstädte, in die diejenigen fliehen konnten, die aus Versehen jemand umgebracht hatten. In einer Zufluchtsstadt durfte der Totschläger von dem „Bluträcher" nicht getötet worden (4. Mo 35; 5. Mo 19; Jos 20).

Stellen wir uns vor: Ein Israelit hackt mit seinem Nachbarn im Grenzgebiet Jerusalems Holz. Plötzlich fährt das Eisen vom Stiel und tötet den Nachbarn. Der Israelit bekommt es mit der Angst zu tun und flieht schnell in die nächste Zufluchtsstadt, nach Hebron. Als er endlich dort ankommt, fühlt sich der ängstliche Mann nicht sicher. Wird wirklich alles gut gehen? Wird er nicht doch noch zur Rechenschaft gezogen werden? Wird er sterben müssen? Einige Priester hören sich seine Geschichte an und versuchen vergeblich, ihm die Furcht vor dem Bluträcher zu nehmen. Der Mann hat zwar Glauben, wie seine Flucht nach Hebron beweist, aber sein Glaube ist nicht *stark* und deshalb findet er keine Ruhe. Doch seine Ängste und seine Zweifel ändern nichts daran, dass er sicher ist. Denn die Sicherheit hängt *nicht* von der Größe seines Vertrauens ab.

Wenn du zum Herrn Jesus „geflohen" bist, bist du sicher vor dem Gericht Gottes, auch wenn dein

Glaube schwach ist. Beschäftige dich nicht so sehr mit der Stärke deines Glaubens, denn Gott fordert dich nicht auf, an deinen Glauben zu glauben. Setze deine Zuversicht allein auf den Sohn Gottes.

Wer an den Sohn glaubt, hat ewiges Leben. (Johannes 3,36)

Ich habe es mir zu einfach gemacht. So schnell wird man nicht mit Gott versöhnt. Ich habe den Eindruck, dass ich etwas versäumt habe, was zu meinem Heil nötig ist.

Der Weg zum Heil *ist einfach.* Du brauchst aus dieser *Einfachheit* nicht eine *Schwierigkeit* machen. Wer Buße getan und an das Evangelium geglaubt hat, hat ewiges Leben. Gerade so einfach ist es!

Als der aussätzige Naaman vom Propheten Elisa angewiesen wurde, sich siebenmal im Jordan unterzutauchen, um von seiner tödlichen Krankheit geheilt zu werden, trat er empört die Heimreise an, weil diese primitive Heilungsmethode nicht seinen Vorstellungen entsprach (2. Kön 5,10-12). Doch seine Knechte sprachen zu ihm: „Mein Vater, hätte der Prophet etwas Großes zu dir geredet, würdest du es nicht tun? Wie viel mehr denn, da er zu dir gesagt hat: Bade dich, und du wirst rein sein!" (2. Kön 5,13). Diese Worte trafen ihn ins Herz! Naaman war bereit, Unsummen für eine Behandlung zu bezahlen (2. Kön 5,5) – warum sollte er dann nicht die einfache Methode zur Rettung akzeptieren? Und so tauchte er sich im Jordan unter und war rein (2. Kön 5,14). Um ein Haar wäre Naaman aussätzig geblieben, weil ihm der göttliche Rettungsplan zu einfach war!

Eine andere Geschichte aus dem Alten Testament illustriert denselben Punkt ebenfalls anschaulich: Als sich die Israeliten in der Wüste über Gott und Mose beschwerten, sandte der HERR Giftschlangen unter das Volk. Nach dem Schuldbekenntnis des Volkes bekam Mose von Gott den Auftrag, eine Schlange aus Kupfer aufzurichten. Wer von einer Giftschlange gebissen wurde, musste nur auf die kupferne Schlange blicken, um sein Leben zu retten (4. Mo 21,4-9). Vielleicht dachte ein Israelit: „Was hat der tödliche Biss der Giftschlangen mit einer kupfernen Schlange auf einem Stab zu tun? So *einfach* geht es nicht! Wir sollten lieber den Künsten der Ärzte vertrauen ..." Doch diese Einstellung wäre verhängnisvoll gewesen. Es galt, Gott *kindlich* zu vertrauen, der die Rettung so einfach gemacht hatte. Ein Blick genügte!

So wie Mose in der Wüste die Schlange erhöhte, so wurde der Herr Jesus auf das Kreuz erhöht, damit jeder, der an Ihn glaubt, nicht verloren gehe, sondern ewiges Leben habe (Joh 3,14.15). Wenn du an den Gekreuzigten glaubst, hast du ewiges Leben. Das darfst du annehmen wie ein Kind (Mt 18,3) und Ihm dafür danken, dass die Rettung so *einfach* ist.

Wie Mose in der Wüste die Schlange erhöhte, so muss der Sohn des Menschen erhöht werden, damit jeder, der an ihn glaubt, nicht verloren gehe, sondern ewiges Leben habe. (Johannes 3,14.15)

Ich kann es nicht für mich in Anspruch nehmen: Ich kenne den Weg zur Rettung und habe meine Schuld bekannt, aber es gelingt mir nicht, zu glauben, dass meine Sache mit Gott in Ordnung ist.

Nehmen wir einmal an, du gehst zu einem erstklassigen Arzt, um prüfen zu lassen, ob eine bestimmte Erbkrankheit vorliegt. Nachdem die Ergebnisse der Untersuchung vorliegen, wirst du noch einmal zum Arzt gerufen. Der sagt mit ruhiger Stimme und zufriedener Miene: „Es ist alles in Ordnung. Sie sind nicht krank. Die Laborwerte sind eindeutig." Wie seltsam wäre es, wenn du sagen würdest: „Ich versuche aufrichtig, Ihnen zu glauben, aber es will mir nicht gelingen. Ich schaffe es nicht, Ihre Diagnose für mich in Anspruch zu nehmen." Der Arzt würde wahrscheinlich auf sein Fachwissen und seine Erfahrung pochen und vielleicht antworten: *„Ich* sage es Ihnen aber. Und auf meine Worte können Sie sich verlassen. Die Werte sind unmissverständlich." Das müsste dir doch auch genügen. Du kannst ruhig und froh nach Hause gehen, denn eine vertrauenswürdige Person hat dir Brief und Siegel gegeben, dass du gesund bist.

Wenn uns ein Mensch etwas sagt, der vertrauenswürdig ist, nehmen wir es an. Wie viel mehr sollten wir auf Gott vertrauen, der nicht lügen und nicht irren kann (Ps 118,8)! *Er* hat gesagt, dass der, der seine Sünden bekennt, Vergebung empfängt (1.Joh 1,9). *Er* hat gesagt, dass der, der an den Namen seines Sohnes glaubt, ewiges Leben hat (1.Joh 5,13). Nimm Gott beim Wort! Du kannst volle Gewissheit haben, wenn du dich einfach auf das stützt, was Er gesagt hat. Damit hast du festen Boden unter den Füßen.

Damit dein Vertrauen auf den HERRN sei, habe ich heute dich, ja dich belehrt. (Sprüche 22,19)

Ich warte darauf, dass Gott es mir klarmacht. Ich brauche ein Zeichen, um hundertprozentig wissen zu können, dass ich von Ihm angenommen bin.

Ein alter Mann fand über Jahre hinweg keinen Frieden. Unruhig wartete er auf ein Zeichen von Gott, um endlich seines Heils gewiss zu werden. Eines Tages traf er den Prediger Henry Allan Ironside. Nachdem sie über das Problem geredet hatten, fragte Ironside: „Wäre es dir genug, wenn ein Engel käme und dir sagen würde, dass deine Sünden vergeben sind?" – „Ich denke, das würde genügen." – „Stell dir nun vor, Satan träte an dein Sterbebett und sagte, du seiest verloren. Was würdest du antworten?" – „Ich würde ihm sagen, dass ein Engel mir gesagt hat, dass ich errettet bin." – „Und was wäre", fuhr Ironside fort, „wenn Satan dir zuflüstern würde, dass er sich in einen Engel des Lichts verwandelt und dich verführt hat?" Der Mann erschrak und verstand, dass das Wort eines Engels zu wenig sein konnte.

Ironside fuhr fort: „Gott hat uns etwas Verlässlicheres als die Stimme eines Engels gegeben. Er hat uns seinen Sohn geschenkt, um für unsere Sünden zu sterben, und Er hat uns in seinem unveränderlichen Wort bezeugt, dass jeder, der Ihm vertraut, von allen Sünden befreit wird. In Apostelgeschichte 10,43 steht: ‚Diesem geben alle Propheten Zeugnis, dass jeder, der an ihn glaubt, Vergebung der Sünden empfängt durch seinen Namen.' Und 1. Johannes 5,13 sagt: ‚Dies habe ich euch geschrieben, damit ihr wisst, dass ihr ewiges Leben habt, die ihr glaubt an den Namen des Sohnes Gottes.'" Der alte Mann hörte aufmerksam zu und fand den Frieden, den er ersehnt hatte.

Wir brauchen nicht auf ein Zeichen zu warten, auf ein besonderes Erlebnis oder gar auf eine Engelserscheinung. Wir haben das geschriebene Wort Gottes in Händen und dürfen darauf vertrauen. Eine zuverlässigere Grundlage für deinen Glauben gibt es im ganzen Universum nicht.

Darum danken auch wir Gott unablässig dafür, dass ihr, als ihr von uns das Wort der Kunde

Gottes empfingt, es nicht als Menschenwort aufnahmt, sondern, wie es wahrhaftig ist, als Gottes Wort. (1. Thessalonicher 2,13)

Ich weiß den Tag meiner Bekehrung nicht. Das beunruhigt mich.

Maßgebend ist nicht, *wann* du dich bekehrt, sondern *dass* du dich bekehrt hast.

Paulus konnte den Tag, als er sich zu Gott bekehrt hat, gewiss sofort nennen, und viele Christen können es heute auch. Aber gerade Gläubige, die sich als Kinder bekehrt haben, wissen oft nicht, an welchem Tag sie zum Glauben gekommen sind. Sie brauchen sich aber deshalb nicht zu beunruhigen und ihre Bekehrung infrage zu stellen.

Wann bist du heute Morgen aufgestanden? Hat der Wecker dich zur üblichen Zeit aus dem Schlaf gerissen? Dann fällt es dir nicht schwer, eine exakte Antwort zu geben. Vielleicht weißt du es aber auch nicht mehr, weil du ausschlafen konntest. Eins ist jedoch sicher: Du *bist* aufgestanden. Das ist wichtig. Alles andere ist Nebensache.

Entscheidend ist, *dass* du dein Vertrauen auf den Sohn Gottes gesetzt hast, und nicht, *wann* du es getan hast. So schrieb auch der Apostel Paulus an Timotheus *nicht*: „Ich weiß, *wann* ich zum Glauben gekommen bin", sondern: „Ich weiß, *wem* ich geglaubt habe" (2. Tim 1,12).

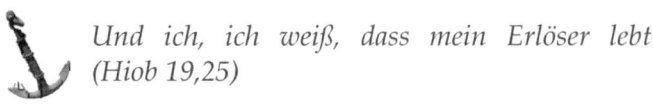 *Und ich, ich weiß, dass mein Erlöser lebt. (Hiob 19,25)*

Ich fühle nicht, dass ich errettet bin. Darum habe ich immer wieder Zweifel an meiner Errettung.

Stell dir vor, ein Junge wird neun Jahre alt. Die Mutter präsentiert feierlich eine schöne Torte, auf der neun Kerzen brennen. Der Junge bläst sieben aus und sagt trotzig: „Ich *fühle* nicht, dass ich neun Jahre alt bin. Meine Schulkameraden sagen auch, dass ich höchstens wie sieben aussehe. Ich glaube nicht, dass ich neun geworden bin." Die Mutter nimmt daraufhin ihren kleinen Zweifler in den Arm und sagt: „Vertraue mir! Ich weiß es ganz genau, dass du heute neun wirst." Der Vater, der immer Fakten sprechen lässt, legt sogar das Stammbuch vor, um seinen Sohn zu überzeugen.

Vielleicht fühlst du dich jünger oder älter, als du es bist. Tatsache ist: Du bist so alt, wie es dir vertrauenswürdige Menschen gesagt haben und wie es in deinen Papieren steht. Das wirst du bestimmt nicht anzweifeln. Wenn du nun menschlichen Worten und Dokumenten vertraust, warum nicht auch dem „Dokument Gottes", der Bibel? „Wenn wir das Zeugnis der Menschen annehmen – das Zeugnis Gottes ist größer ... Dies habe ich euch geschrieben, damit ihr wisst [nicht: fühlt], dass ihr ewiges Leben habt, die ihr glaubt an den Namen des Sohnes Gottes" (1. Joh 5,9.13). Wer sich dem Sohn Gottes anvertraut hat, darf wissen, dass er ewiges Leben besitzt. Das brauchen wir nicht zu fühlen; das müssen wir nur im Glauben annehmen.

Das betonte vor vielen Jahren auch ein Prediger des Evangeliums, dem die Freude des Heils ins Gesicht geschrieben stand. Nach einem Vortrag kam eine Frau auf ihn zu und sagte: „Ich würde alles geben, was ich besitze, wenn ich nur fühlen würde, dass ich wirklich errettet bin!" – „Ich kann nicht für andere sprechen", antwortete der Prediger, „aber ich habe mich noch nicht einen einzigen Augenblick in meinem Leben errettet gefühlt." – „Wie bitte? Sie leben doch ständig in dem Sonnenschein der Liebe Gottes – und Sie wollen mir weismachen, dass Sie sich nie errettet gefühlt haben?" – „Exakt, das tue ich. Ich habe mich nie in meinem Leben errettet gefühlt! Aber", fügte er hinzu, „ich war oft glücklich, weil ich wusste, dass ich errettet *bin*. Und das sagen mir nicht meine schwankenden Gefühle, das sagt mir das unveränderliche Wort unseres unveränderlichen Gottes."

Wenn wir das Zeugnis der Menschen annehmen – das Zeugnis Gottes ist größer … Und dies ist das Zeugnis: dass Gott uns ewiges Leben gegeben hat, und dieses Leben ist in seinem Sohn. (1. Johannes 5,9.11)

Ich fürchte mich ständig vor Gottes Gericht. Die Angst umklammert mich. Von der Gewissheit und Sicherheit des Heils kann ich nicht sprechen.

Die Furcht vor dem Gericht beweist aber nicht, dass du wirklich in Gefahr bist. Gehen wir 3500 Jahre zurück, in das Land Ägypten: Neun schreckliche Plagen sind über Land und Leute bereits hinweggefegt. Jetzt kündigt Gott die letzte Plage an: Er will an einem bestimmten Tag um Mitternacht durch Ägypten gehen und alle Erstgeburt im Land schlagen (2. Mo 11,4.5).

Da Gott alle Erstgeborenen *im Land* Ägypten schlagen will und nicht nur alle Erstgeborenen der Ägypter, stehen auch die Israeliten unter dem Todesurteil. Aber Gott weist ihnen den Weg zur Rettung: Die Israeliten sollen ein Lamm schlachten und dessen Blut an die beiden Pfosten und an den Türsturz des Hauses streichen. Gott verspricht: „Das Blut soll euch zum Zeichen sein an den Häusern, worin ihr seid; und sehe ich das Blut, so werde ich an euch vorübergehen" (2. Mo 12,13). Als der entscheidende Tag kommt, tun die Israeliten das, was Gott geboten hat (2. Mo 12,28).

Spät abends geht ein Israelit zu seinem Nachbarn und klopft an. Schwerfällig öffnet der Vater die Tür. Im Dämmerlicht erkennt der Israelit die Mutter, die ihren erstgeborenen Sohn fest an sich drückt. Wird sie das Ebenbild des Vaters heute Nacht verlieren? Wird das göttliche Gericht den geliebten Sohn treffen? Genügt das Blut an der Tür, um ihn zu schützen? Auch der Sohn ist unruhig und immer wieder sagt er: „Wäre es doch endlich Morgen! Dann wüsste ich, dass alles gut ist!"

Dann geht der Israelit zu einem anderen Nachbarn. In dessen Haus sieht es ganz anders aus. Der Vater steht im Kreis der Familie auf und erinnert feierlich an die Worte, die Gott zu Mose und Aaron geredet hat. Ein tiefer Friede prägt die Atmosphäre, denn alle wissen: Gott hat versprochen, dass das Blut des Lammes retten wird, und auf sein Wort ist Verlass. Nachdem der Vater dem großen Gott für seine wunderbare Rettung gedankt hat, sagt auch der Erstgeborene Amen.

Welcher der beiden Erstgeborenen ist sicherer vor dem Gericht Gottes? Die Antwort ist klar: Beide sind gleich sicher. Sie unterscheiden sich nicht in ihrer äußeren Sicherheit, sondern in ihrer inneren Haltung: Der eine weiß, dass er verschont wird, und ist ruhig, der andere weiß es nicht und zittert vor Angst. Der eine ehrt Gott durch sein Vertrauen, der andere verunehrt Ihn durch seinen Unglauben. Doch *beide* werden nicht gerichtet werden.

Wer an das Blut des Herrn Jesus glaubt, braucht den Zorn Gottes nicht mehr zu fürchten (Joh 3,18; Röm 3,25; 5,9). Du kannst alle Ängste zur Seite schieben, wenn du deine Zuversicht auf das Blut des Lammes Gottes gesetzt hast.

 *Und sehe ich das Blut, so werde ich an euch vorübergehen. (2. Mose 12,13)*

Ich habe nicht die Freude eines Christen. Wenn ich wirklich errettet wäre, müsste ich mich doch ständig freuen können!

Wenn die Freude fehlt, bedeutet das nicht, dass es keinen *Grund* gibt, sich zu freuen. Vielleicht hast du den Grund deiner Freude nur aus dem Auge verloren oder ihn noch nie wirklich bedacht.

Herr Mayer ist über beide Ohren verschuldet. Er hat allerdings das große Glück, einen sehr begüterten Freund zu haben. Dieser schenkt ihm so viel Geld, dass er alle Kredite auf einen Schlag zurückzahlen kann. Die Freude ist riesig. Doch zwei Jahre später ist bei dem melancholischen Herrn Mayer alles irgendwie verblasst. Er sagt zu seiner Frau: „Bist du sicher, dass die Sache mit dem Kredit in Ordnung ist? Ich kann mich nicht mehr darüber freuen, dass die Schuld getilgt ist, und deshalb bin ich in Sorge, ob ich nicht doch eines Tages zur Kasse gebeten werde."

Ziemlich unsinnig, nicht wahr? Sollten Herr Mayers Schulden nur so lange getilgt sein, wie seine Freude anhält? Wenn Herr Mayer die Kontoauszüge zur Hand nähme, würden die trüben Gedanken rasch verschwinden. Denn es ist ganz klar: Die Freude beweist nicht, dass die Schuld ausgelöscht ist, sondern sie ist eine *Folge* davon, dass man sich die Tilgung der Schuld *bewusst macht*.

Der Herr Jesus ist gekommen und hat sein Leben als Lösegeld für viele gegeben (Mk 10,45). Jeder, der an Ihn glaubt, darf wissen, dass ihm die Sünden nicht mehr zu Last gelegt werden. Gott sagt: „Ihrer Sünden und ihrer Gesetzlosigkeiten werde ich nie mehr gedenken" (Heb 10,17). Wenn du dich bekehrt hast und das so nimmst, wie es da steht, wirst auch du Freude haben.

Glückselig der, dessen Übertretung vergeben, dessen Sünde zugedeckt ist! Glückselig der Mensch, dem der HERR die Ungerechtigkeit nicht zurechnet! (Psalm 32,1.2)

Ich liebe den Herrn Jesus nicht genug. Ich sehe, wie andere Christen freudig ihrem Erlöser Lieder singen, während mein Herz kalt und leer bleibt. Mir fehlt die Liebe zu Ihm.

Deine Zweifel, ob du Christus liebst, beweisen an sich schon, dass etwas in deinem Herzen für Ihn vorhanden ist. Du würdest doch auch die Liebe einer Frau bestätigen, die über ihren Mann mit brüchiger Stimme sagt: „Mein Mann ist so wunderbar. Aber ich bin in Sorge, ob ich ihn liebe und ihm wirklich gehöre."

Vor Jahren quälte sich eine Frau mit der Frage, ob sie den Retter Jesus Christus lieb hat. Ein Bruder in Christus, der mit ihr sprach, merkte, dass an ihrer Liebe nicht gezweifelt werden musste. Rasch kritzelte er einige Worte auf einen Zettel und reichte ihn der besorgten Frau. „Unterschreibe das bitte!" Die Augen der Frau gingen langsam über die Buchstaben hinweg – ICH LIEBE DEN HERRN JESUS NICHT. Darunter sollte sie ihren Namen setzen? Niemals! Energisch zerriss sie das Blatt. Und damit bewies sie auch sich selbst, wie ihr Herz zu Christus stand.

Sie liebte den Herrn. Sicher – sie liebte Ihn nicht genug. Aber wer liebt schon den genug, der sich selbst für uns hingegeben hat und dessen Liebe alle Erkenntnis übersteigt? Wir lieben Ihn nicht *genug*, aber wir Christen lieben Ihn doch. „Wir lieben, weil er uns zuerst geliebt hat" (1. Joh 4,19).

Als Petrus den Herrn verleugnete, war von seiner Liebe zu seinem Meister nichts zu *sehen*. Jesus fragte ihn nach seiner Auferstehung: „Simon, Sohn Jonas, hast du mich lieb? Petrus wurde traurig, dass er zum dritten Mal zu ihm sagte: Hast du mich lieb?, und spricht zu ihm: Herr, du weißt alles; du erkennst, dass ich dich lieb habe" (Joh 21,17). Petrus sagte mit anderen Worten: „Du bist allwissend. Du weißt, dass tief in meinem Herzen – unter dem ganzen Schutt meines Versagens – Liebe für dich da ist. Wenn es auch niemand sieht, du siehst es."

Es ist so: Der Herr Jesus nimmt auch ein Fünkchen Liebe wahr. Er wusste um die Liebe des Petrus, der Ihn verleugnet hatte, und Er weiß auch um die Liebe jedes Gläubigen heute. Deine Liebe mag klein sein, aber sie ist da. Und sie wird größer werden, wenn du viel an die Liebe des Herrn Jesus denkst, die Er zu *dir* hat.

Herr, du weißt alles; du erkennst, dass ich dich lieb habe. (Johannes 21,17)

Ich merke nichts von der Kreuzigung des „alten Menschen", von der ich in der Bibel gelesen habe. Das alte, sündige Leben haftet mir immer noch gewaltig an. Ich kann doch kein Christ sein!

Was ist mit dem Ausdruck „alter Mensch" gemeint? Er kommt dreimal im Neuen Testament vor (Röm 6,6; Eph 4,22; Kol 3,9). Wenn wir über diese Stellen nachdenken, wird klar: Der „alte Mensch" ist das, was der Christ vor seiner Bekehrung war: ein sündiger Nachkomme Adams. Das war seine frühere Stellung vor Gott.

Der „alte Mensch" wurde mitgekreuzigt, als der Herr Jesus am Kreuz hing. Dort trug Jesus nicht nur die *Sünden* der Gläubigen an seinem Leib (1. Pet 2,24), sondern am Kreuz verurteilte Gott auch die *Sünde* – die sündige Natur, aus der die Sünden hervorkommen (Röm 8,3; vgl. 2. Kor 5,21). Wer an das Werk des Herrn Jesus glaubt, darf wissen: Christus, mein Stellvertreter, starb sowohl für das, was ich *getan habe*, als auch für das, was ich *bin*. Darum sind alle meine Sünden vergeben worden, und darum stehe ich jetzt auch nicht mehr als Sünder vor Gott. Ich bin mit Christus gekreuzigt worden und bin mit Ihm der Sünde, dem Gesetz und den Elementen der Welt gestorben (Gal 2,19; Röm 6,2; 7,6; Kol 2,20).

Du fühlst nicht, dass du gestorben bist? Deine täglichen Erlebnisse scheinen im Widerspruch dazu zu stehen? Das mag sein. Doch für das Gestorbensein mit Christus gilt das Gleiche wie für die Gewissheit der Sündenvergebung. Wir dürfen nicht auf Erfahrungen und Empfindungen vertrauen, sondern auf das Wort Gottes. Und dieses Wort bezeugt uns, dass unsere Stellung als Sünder vor Gott ein Ende gefunden hat. Wir sind nun in die Stellung von Gerechten versetzt worden (Röm 5,19). So sieht Gott uns. Die Stellung eines Christen ist „in Christus", und da ist alles perfekt. Für die, die in Christus sind, gibt es keine Verdammnis, und sie sind vor Gott, dem Vater, heilig und untadelig in Liebe (Röm 8,1; Eph 1,4).

Diese *Stellung* muss aber von dem Zustand oder der *Praxis* eines Gläubigen unterschieden werden. Unsere Lebenspraxis ist leider nicht immer gut und heilig. Unser Handeln stimmt oft nicht mit unserer Stellung überein. Das ist bedauerlich und wir können nicht einfach darüber hinweggehen. Aber wir brauchen als Gläubige deshalb nicht unsere Stellung in Christus anzuzweifeln! Wir dürfen vielmehr wissen, dass wir gerechtfertigt worden sind von unseren *Sünden* und von der *Sünde* (Röm 3,22-28; 6,7). Gott wird uns als Erlöste niemals wegen unserer bösen Taten und wegen unserer bösen Natur, die uns so sehr zu schaffen macht, verurteilen. Gott sieht uns in Ewigkeit „in Christus". Diese Sichtweise darfst auch du dir aneignen.

> *Also ist jetzt keine Verdammnis für die, die in Christus Jesus sind. (Römer 8,1)*

Ich sehe nichts von dem neuen Leben, das ich als Christ haben müsste. Bei mir fehlt die einschneidende Veränderung zum Guten.

Wer an Jesus Christus glaubt, wird von neuem geboren. Der Glaubende empfängt neues, ewiges Leben, das der Heilige Geist durch das Wort Gottes hervorruft (Joh 3,3.5; 1. Pet 1,23; Jak 1,18). Die Neugeburt markiert einen Neuanfang in deinem Leben und wird nicht ohne Auswirkungen sein. Aber du musst wissen, dass sich etwas in dir *nicht* verändert hat: das Fleisch. Der Herr Jesus sagte zu Nikodemus, als Er mit ihm über die Neugeburt sprach: „Was aus dem Fleisch geboren ist, ist Fleisch, und was aus dem Geist geboren ist, ist Geist" (Joh 3,6). Bei der Neugeburt wird das Fleisch nicht verändert, sondern etwas Neues in der Seele bewirkt.

Das „Fleisch" ist die alte, sündige Natur, die allen Nachkommen Adams anhaftet und die von Generation zu Generation weitervererbt wird

(Hiob 14,14; Ps 51,17). Solange wir auf der Erde sind, haben wir es mit dem Fleisch, der sündigen Natur, zu tun (Gal 5,17). Wir können nicht leugnen, dass die Sünde in uns ist (vgl. 1. Joh 1,8). Gott hat die Sünde am Kreuz zwar *verurteilt* (Röm 8,3), aber *nicht* aus dem Gläubigen *entfernt*.

Ein Christ hat also zwei Naturen: die alte Natur, das Fleisch, und die neue Natur, das ewige Leben. Diese beiden Naturen stehen in Verbindung mit den zwei Geburten, die jeder Christ erlebt hat: mit der natürlichen Geburt durch die Mutter und mit der Neugeburt durch den Heiligen Geist. Und so sprudeln in dem Gläubigen zwei ganz unterschiedliche Quellen: Einerseits zeigt sich Liebe zu den Gläubigen, Interesse an der Bibel sowie Freude am Lob Gottes, und andererseits fehlt es nicht an bösen Neigungen, unreinen Gedanken und boshaften Taten. Gut und Böse liegen im täglichen Leben des Gläubigen oft dicht beieinander!

Handelt ein Christ gemäß der alten Natur, *kann er nur sündigen*: Das Fleisch ordnet sich dem Gesetz Gottes nicht unter und *vermag* es auch nicht (Röm 8,7). Handelt der Christ entsprechend der neuen Natur, *kann er nicht sündigen*: „Jeder, der aus Gott geboren ist, tut nicht Sünde, denn sein [d. h. Gottes] Same bleibt in ihm; und er *kann* nicht sündigen, weil er aus Gott geboren ist" (1. Joh 3,9).

Es ist besonders für jemand, der noch nicht lange auf dem Glaubensweg ist, eine wichtige Erkenntnis, dass er zwei Naturen hat und dass in ihm, das ist in seinem *Fleisch*, nichts Gutes wohnt (Röm 7,18). Wer sich das bewusst macht, wird vor vielen Enttäuschungen bewahrt werden oder schneller aus einer Glaubenskrise herausfinden.

Ich weiß, dass in mir, das ist in meinem Fleisch, nichts Gutes wohnt. (Römer 7,18)

Ich schaffe es nicht, für Gott zu leben. Ich will das neue Leben in Christus leben, aber ich sündige noch so oft. Die Sünde in mir ist zu stark.

Wer Leben hat, hat nicht automatisch Kraft. Dass Leben nicht Kraft ist, siehst du bei einem neugeborenen Kind. Das Leben ist da, es macht sich auch sehr deutlich bemerkbar, aber von Kraft kann man schlecht sprechen. Du hast neues Leben – doch die Kraft, es zu entfalten, liegt *nicht* in dir.

Du kannst die Sache nicht selbst in die Hand nehmen. Der Kampf gegen die Sünde ist zum Scheitern verurteilt. Wer es versucht, wird niederschmetternde Erfahrungen machen und die eigene Kraftlosigkeit in einer Serie von Niederlagen auf traurige Weise kennenlernen. Das wird eindrücklich in Römer 7,7-24 beschrieben. Dort sehen wir einen gläubigen Menschen, der das Gute will und doch immer wieder das Böse tut. Schließlich erscheint alles hoffnungslos, da jeder Versuch fehlschlägt, das Joch der Sünde abzuschütteln. Endlich! In dem Schmerz der beständigen Niederlagen blickt die verzweifelte Seele *von sich weg* und ruft nach einem Retter: „Ich elender Mensch! Wer wird mich retten von diesem Leib des Todes?" (V. 24). Das ist der Augenblick der Befreiung. Denn jetzt ruhen die Augen auf dem Herrn Jesus und dem, was Er getan hat. Unmittelbar zieht Freude ein: „Ich danke Gott durch Jesus Christus, unseren Herrn!" (V. 25).

Als die Israeliten verzweifelt am Roten Meer standen, rief Mose ihnen zu: „Fürchtet euch nicht! Steht und seht die Rettung des HERRN, die er euch heute verschaffen wird … Der HERR wird für euch kämpfen, und ihr werdet still sein" (2. Mo 14,13.14). Vor den Israeliten lagen die unpassierbaren Fluten des Roten Meeres und hinter ihnen jagten die Ägypter heran. Was sollten sie nur tun? Wie sollten sie sich retten? Sie mussten *nichts tun*, sondern nur hinsehen auf das Werk Gottes! *Gott* würde durch das Rote Meer den Weg zur Rettung bahnen.

Du musst gar nicht gegen die in dir wohnende Sünde kämpfen! Gott erwartet das nicht von dir. Er möchte vielmehr, dass du dankbar stillstehst und siehst, dass Er mit dem, was du von Natur aus bist, am Kreuz schon längst abgerechnet hat (Röm 8,3). Du darfst erkennen, dass nur Christus der Befreier ist und dass du ohne Ihn *nichts* tun kannst (Joh 15,5). In dieser Erkenntnis liegt der Schlüssel zur Gewissheit und zu einem siegreichen Christenleben.

Fürchtet euch nicht! Steht und seht die Rettung des HERRN, die er euch heute verschaffen wird ... Der HERR wird für euch kämpfen, und ihr werdet still sein. (2. Mose 14,13.14)

Ich vermisse die Frucht des Geistes. Wenn ich den Geist hätte, müsste sich doch bei mir auch seine Frucht zeigen! Doch ich suche sie in meinem Leben vergeblich.

Du siehst zu viel auf dich. Beschäftige dich nicht so sehr mit den Wirkungen des Geistes *in dir*, sondern lieber mit dem Werk des Herrn Jesus, das *für dich* geschehen ist. Es ist die Absicht des Heiligen Geistes, die Blicke auf Christus zu lenken: auf das, was Er getan hat, und auf Ihn, wie Er heute in der Herrlichkeit ist.

Du brauchst einen Gegenstand für dein Herz! Wenn *du* dieser Gegenstand bist, dann drehst du dich wie ein Kreisel um dich selbst und kommst nie aus dem Dilemma heraus. Denn keiner kann sich selbst aus dem Sumpf ziehen. Der Geist Gottes will, dass du an *Jesus* denkst, der für dich im Himmel lebt. Wenn du auf Ihn siehst, erkennst du nicht nur, wie du leben sollst, sondern du wirst auch in sein Bild verwandelt (2. Kor 3,18). Dann versuchst du nicht mehr fieberhaft, dich zu verändern, sondern du *wirst verändert*. Der Heilige Geist wirkt in dir und trägt den Sieg über das Fleisch, die sündige Natur, davon (Gal 5,17). So erfährst du, dass das

Gesetz des Geistes des Lebens in Christus Jesus stärker ist als das Gesetz der Sünde und des Todes (Röm 8,2).

In solch einem Klima, das von der Person des Herrn geprägt wird, können Glaubenszweifel nicht gedeihen. Sie verkümmern und verschwinden. Ein freudiges und kraftvolles Christenleben beginnt sich zu entwickeln.

Wir alle aber, mit aufgedecktem Angesicht die Herrlichkeit des Herrn anschauend, werden verwandelt nach demselben Bild von Herrlichkeit zu Herrlichkeit, als durch den Herrn, den Geist.
(2. Korinther 3,18)

Ich werde mir meiner Errettung nicht gewiss. Manchmal bin ich mir des Heils zwar sicher, ein anderes Mal aber wieder nicht. Was ist nur los?

Du brauchst dich durch deine *schwankenden Empfindungen* nicht verunsichern zu lassen. Sie haben mit deiner Annahme bei Gott nichts zu tun. Dein Heil steht *ewig fest* in Christus.

Vor vielen Jahren fuhr der Prediger George Cutting mit dem Zug durch England. Als eine Kirche am Horizont auftauchte, bemerkte jemand: „Bis wir diese Kirche erreichen, wird sie insgesamt neunmal unseren Blicken entschwinden." Cutting fand das interessant und zählte mit. Es ging hoch und runter. Mal war die Kirche zu sehen, mal nicht. Schließlich fuhr Cutting kopfnickend an der Kirche vorbei – er hatte sie wirklich neunmal aus den Augen verloren.

Wie oft war die Kirche nach oben und nach unten gegangen? Neunmal? Nein, natürlich nicht. Das Gebäude bewegte sich überhaupt nicht, sondern der Zug. Die Fahrgäste verloren den Blick auf die Kirche immer wieder, die Kirche selbst aber stand die ganze Zeit unverrückt an ihrer Stelle.

Durch deine Hochs und Tiefs magst du Christus und sein Werk aus den Augen verlieren, aber Gott tut das niemals. Seine Gedanken über das Werk Christi und über die, die daran geglaubt haben, sind unveränderlich. Hebräer 10,14 sagt: „Mit einem Opfer hat er [Gott] auf immerdar [oder ununterbrochen] die vollkommen gemacht, die geheiligt werden." Ein Christ ist ununterbrochen, für immer vollkommen – ob er sich dessen bewusst ist oder nicht.

Mit einem Opfer hat er auf immerdar die vollkommen gemacht, die geheiligt werden. (Hebräer 10,14)

Ich möchte endlich Gewissheit haben. Felsenfest will ich es wissen. Was muss ich konkret tun, um die Gewissheit des Heils zu bekommen?

Das ist eine gute und wichtige Frage. Ich möchte sechs Punkte nennen.

Die Bibel lesen

Es ist wichtig, dass du die Bibel immer besser kennenlernst. Sauge die Worte Gottes auf wie ein trockener Schwamm. Stütze dich auf die objektiven Tatsachen der Schrift und nicht auf deine subjektiven Erlebnisse. Geh auch dahin, wo das Wort Gottes klar gepredigt wird. Durch das Lesen und Hören der biblischen Botschaft wird dein Blick von dir weg zu dem Herrn Jesus gelenkt, der am Kreuz auf Golgatha für dich alles gutgemacht und triumphierend ausgerufen hat: „Es ist vollbracht!" (Joh 19,30).

Beten

Auch wenn dein Glaube ganz schwach ist, so kannst du immer noch beten. Bitte Gott, dass Er dir die Zweifel wegnimmt und deinen Glauben stärkt (Lk 17,5). Die Geschichte von dem Vater des besessenen Sohnes zeigt, wie der Herr einem zaghaften Vertrauen begegnet (Mk 9,14-27). Dieser Vater wollte gern an die Rettung seines Sohnes durch den Herrn Jesus glauben, aber sein Unglaube bedrängte ihn hart. In seiner inneren Zerrissenheit stieß er einen Hilfeschrei aus: „Ich glaube; hilf meinem Unglauben!" (V. 24). Und was geschah? Der Herr antwortete auf diesen „Halbglauben", heilte seinen gepeinigten Sohn und stärkte damit den Glauben des Vaters. Dein „Notruf" wird ebenso wenig ungehört verhallen!

Zweifel richtig einordnen

Vielleicht siehst du deine Zweifel als Beweise dafür an, dass deine Sache mit Gott nicht in Ordnung ist. Aber dreh das Ganze doch einmal herum: Sind deine Zweifel nicht der beste Beweis dafür, dass du unter der Wirksamkeit des Heiligen Geistes stehst? Denn denen, die Christus und sein Heil nicht kennen, sind deine Anfechtungen und Zweifel völlig fremd. Du plagst dich mit einem Problem herum, dass nur *Kinder Gottes* haben.

Mut fassen

Du darfst Mut fassen und brauchst in deinen Zweifeln nicht verzweifeln. Denn Gott, der es dem Aufrichtigen gelingen lässt, wird auch dich zur Gewissheit führen. Eines Tages wirst du dich in jenem Mann wiederfinden, der lange in einem Leuchtturm wohnte und auf die Frage, ob er bei Stürmen keine Angst habe, erwiderte: „Wenn der Sturm kommt, bin ich nur besorgt, das Licht am Brennen zu halten. Meine eigene Sicherheit ist hundertprozentig. Ich kümmere mich ausschließlich darum, dass *andere* das rettende Ufer erreichen."

Sünde lassen

Du kannst keine Ruhe und keinen Frieden für deine Seele finden, wenn du Sünde in deinem

Leben duldest. In ein Herz voller Unreinheit zieht der Friede Gottes nicht ein. Die Sünde verbaut dir den Weg zur Gewissheit und zur Freude. Wenn du aber dem Wort Gottes vertraust und dein Leben danach ausrichtest, wirst du feststellen, dass die aufkeimende Gewissheit auf vielerlei Weise bestätigt wird. So wird dir die Liebe, die du zu anderen Kindern Gottes hast, zur Bestätigung, dass du aus dem Tod in das Leben hinübergegangen bist (vgl. 1. Joh 3,14).

Christus bekennen

Auch ein ehrliches Bekenntnis zu Christus trägt dazu bei, dass sich dein Glaube vertieft (vgl. Röm 10,9.10). Das macht die Geschichte der blutflüssigen Frau klar (Mt 9,18-22; Mk 5,25-34; Lk 8,43-48). Diese kranke Frau berührte heimlich die Quaste des Gewandes des Herrn Jesus, um gesund zu werden. Als sie spürte, dass sie geheilt war, wollte sie unbemerkt weggehen. Aber der Herr erlaubte das nicht und brachte sie dazu, die ganze Wahrheit öffentlich zu bekennen (Mk 5,33). *Danach* sagte der Herr zu ihr: „Tochter, dein Glaube hat dich geheilt; geh hin in Frieden und sei gesund von deiner Plage" (Mk 5,34). Ohne diese Worte wäre sie nicht sicher gewesen, ob die Heilung vollständig war oder die Krankheit noch einmal ausbrechen würde. Sie hätte sich nur auf das stützen können, was sie gefühlt hatte. Nun aber erfuhr sie aus dem Mund des Sohnes Gottes – *nach* dem öffentlichen

Bekenntnis –, dass sie geheilt und gesund war. Und wenn du dich zu deinem Retter Jesus Christus bekennst, wird sich deine innere Gewissheit festigen, dass Er dein Retter ist. *Denn Wahrheiten, die wir bezeugen, graben sich tiefer in unser Herz ein!*

 *Ich glaube; hilf meinem Unglauben! (Markus 9,24)*

Ich habe die Sünde zum Tod begangen. Das ist zumindest meine große Angst. Wenn das so ist, werde ich dem zweiten Tod, dem Feuersee, nicht entrinnen können.

Die Sünde zum Tod wird in 1.Johannes 5,16 erwähnt: „Wenn jemand seinen Bruder sündigen sieht, eine Sünde nicht zum Tod, so wird er bitten, und er wird ihm das Leben geben, denen, die nicht zum Tod sündigen. Es gibt Sünde zum Tod; nicht für diese sage ich, dass er bitten solle."

Um zu verstehen, worum es bei der „Sünde zum Tod" geht, müssen wir den Zusammenhang von 1.Johannes 5,16 beachten: Es geht in diesem Vers darum, was wir mit unserem Gebet erreichen oder nicht erreichen können.

Wir können durch unser Gebet *erreichen*, dass ein Bruder nicht sterben muss, der von Gott beispielsweise durch eine gefährliche Krankheit gezüchtigt wurde, damit er zur Buße über seine Sünde geführt würde (vgl. Hiob 33,23-28; 36,8-15). Es handelt sich um eine Sünde, die nicht zum

Tod ist – also um eine Sünde, die den Tod zur Folge haben *kann*, aber nicht *muss*. Wir können an Mirjam denken, die wegen ihres bösen Redens aussätzig wurde, aber aufgrund der Fürbitte Moses von der tödlichen Krankheit geheilt wurde (4. Mo 12,1.10.13.14).

Wir können durch unser Gebet *nicht erreichen*, dass das Leben eines Bruders verlängert wird, wenn Gott bestimmt hat, das Leben wegen einer schwerwiegenden Sünde zu beenden. Wir sollten in diesem Fall überhaupt nicht für das Leben dieses Bruders beten. Es liegt eine „Sünde zum Tod" vor – also eine Sünde, die zum Tod führen *muss*. Der plötzliche Tod von Ananias und Sapphira, die den Heiligen Geist belogen hatten, zeigt eindrücklich, was „Sünde zum Tod" ist (Apg 5,1-11).

Sehen wir uns nun einige Einzelheiten dieses Verses an, um noch besser zu erkennen, dass es hier nicht um die Ewigkeit, nicht um Himmel und Hölle geht.

- *Es geht um einen „Bruder"*, den man sündigen sieht: Es handelt sich also um jemand, der zur Familie Gottes gehört, und nicht um jemand, der gern errettet werden möchte. Und wenn ein Gläubiger sündigt, wird er nicht aus der Familie Gottes ausgestoßen, sondern er bleibt ein Gläubiger, über den der zweite Tod keine Gewalt hat (vgl. Off 20,6).
- *Es geht um den leiblichen Tod:* Denn es wird unterschieden zwischen einer Sünde „zum

Tod" und einer Sünde „nicht zum Tod". Das macht klar, dass nicht der zweite Tod, die ewige Trennung von Gott in der Hölle, gemeint sein kann, denn *jede* Sünde führt unterschiedslos in die Hölle, wenn sie nicht gesühnt wird. Das Thema ist also der körperliche Tod.

- *Es geht um das natürliche Leben*, das Gott dem Bruder gibt, der nicht zum Tod gesündigt und für den man gebetet hat. Das ewige Leben kann nicht gemeint sein, denn das schenkt Gott nicht aufgrund von Bitten anderer, sondern nur aufgrund einer persönlichen Glaubensentscheidung.

Welche Sünde ist eigentlich eine „Sünde zum Tod"? Geht es dabei um ganz bestimmte Taten? Offenbar ist das nicht der Fall. Es sind vielmehr die Begleitumstände, die einer Sünde einen so schrecklichen Charakter verleihen, dass Gott nur noch mit dem Tod darauf antworten kann. Bei Ananias und Sapphira war sicher ausschlaggebend, dass sie, inmitten einer mächtigen Bewegung des Heiligen Geistes, Gott belogen und schrecklich geheuchelt hatten. Darum mussten sie sterben. In den letzten Tagen der Christenheit, inmitten des Niedergangs, wird eine solche Strafe wohl noch seltener verhängt werden. Eins ist jedenfalls ganz sicher: Mit dem „zweiten Tod", mit der ewigen Verdammnis, hat die „Sünde zum Tod" nichts zu tun.

Glückselig und heilig, wer teilhat an der ersten Auferstehung! Über diese hat der zweite Tod keine Gewalt. Offenbarung 20,6

Ich habe den Geist gelästert und kann darum keine Vergebung bekommen. Dieser Gedanke lässt mich nicht los. Allein die Tatsache, dass es etwas gibt, was nicht vergeben werden kann, beunruhigt mich schon sehr.

Da diese Frage häufig gestellt wird und nicht mit zwei Sätzen beantwortet werden kann, möchte ich darauf ausführlich eingehen. Die Lästerung des Heiligen Geistes wird an drei Stellen in der Bibel erwähnt: in Matthäus 12,31.32; Markus 3,28.29 und Lukas 12,10. Ich zitiere nachfolgend die Stelle aus dem Matthäusevangelium, weil sie die umfassendste ist:

„Deshalb sage ich euch: Jede Sünde und Lästerung wird den Menschen vergeben werden; aber die Lästerung des Geistes wird den Menschen nicht vergeben werden. Und wer irgend ein Wort redet gegen den Sohn des Menschen, dem wird vergeben werden; wer aber irgend gegen den Heiligen Geist redet, dem wird nicht vergeben werden – weder in diesem Zeitalter noch in dem zukünftigen" (Mt 12,31.32).

Was ist die Lästerung des Geistes?

Als der Herr Jesus in der Kraft des Heiligen Geistes einen blinden und stummen Besessenen geheilt hatte, fragte sich die Volksmenge, ob Jesus der Sohn Davids wäre, der verheißene Messias (Mt 12,23). Die eifersüchtigen Pharisäer, die das Wunder nicht leugnen konnten, behaupteten darauf kurzerhand: „Dieser treibt die Dämonen nicht anders aus als durch den Beelzebul, den Fürsten der Dämonen" (V. 24). Damit schrieben sie das offenkundige Wirken des Geistes Gottes dem Fürsten der Dämonen, dem Teufel, zu. Das war die Lästerung des Geistes. Mit dieser ungeheuerlichen Sünde stellten sie sich für immer außerhalb der Gnade Gottes. Es gab für die Lästerer keine Vergebung – sie waren ewiger Sünde schuldig (Mk 3,29).

Betrachten wir nun einige Details zum Thema „Lästerung des Geistes", um zu erkennen, ob *deine* Sorge, den Geist gelästert zu haben, berechtigt ist.

Es geht um Worte der Lästerung

Bei einer Lästerung geht es eindeutig um *Worte* (Mk 3,30: „weil sie *sagten*") und nicht um unerwünschte *Gedanken*, die einem furchtsamen Herzen entspringen oder Folge eines feurigen Pfeils des Bösen sind (vgl. Eph 6,16). Beunruhige dich also nicht, wenn du meinst, du hättest in deinen *Gedanken* den Geist gelästert!

Es geht um verstockte Herzen

Die Menschen, die den Geist lästerten, waren Feinde des Herrn Jesus, die böse, ehebrecherische und verstockte Herzen hatten (vgl. Mt 12,34.35.39).

Meinst du, dass *du* ein Feind des Herrn Jesus bist? Warum möchtest du dann gerne gewiss sein, dass dir die Sünden vergeben sind? Wie ist es zu erklären, dass es dich traurig macht, wenn Gott verunglimpft wird, und dass du den Wunsch hast, in der Ewigkeit bei dem Sohn Gottes zu sein? Beweist das nicht, dass Gott dir neues Leben geschenkt hat?

Die lästernden Schriftgelehrten und Pharisäer waren keine zweifelnden und ängstlichen Seelen, die befürchteten, verloren zu gehen. In ihren verstockten Herzen brannte nicht der Wunsch nach Vergebung der Sünden, und sie liebten den Herrn Jesus keineswegs. Sie verschlossen ihre Herzen willentlich und wissentlich vor dem Wirken Gottes.

Es liegen Welten zwischen einem *empfindsamen Herzen*, das nach Vergebung schreit, und einem *verstockten Herzen*, das lauthals das Wirken des Geistes verhöhnt!

Es geht um offenkundige Zeichen

Die Pharisäer schrieben ein *augenscheinliches Zeichen*, das der Herr Jesus in der Kraft des Geistes Gottes gewirkt hatte, teuflischer Macht zu. Hast du schon einmal erlebt, dass ein Blinder und Stummer plötzlich wieder sehen und reden konnte (Mt 12,22)? Wohl kaum. Ein derart offenkundiges, von Gott gewirktes Zeichen ist aber Voraussetzung dafür, dass der Geist gelästert werden kann.

Der *Herr Jesus* tat viele Wunder und Zeichen (Joh 12,37; Joh 20,30). Die Lästerung des Geistes wird unmittelbar auch nur mit Ihm verbunden. In Markus 3,29.30 heißt es, dass die lästernden Pharisäer ewiger Sünde schuldig sind, „weil sie sagten: *Er* hat einen unreinen Geist." Allerdings scheinen die Belehrungen des Herrn in Lukas 12,8-10, die sich besonders auf die Zeit seiner Abwesenheit beziehen, nahezulegen, dass Menschen den Geist in dieser unverzeihbaren Weise auch lästern konnten, wenn Er durch die Apostel wirkte.

Die Apostel wirkten Zeichen und Wunder. In der Anfangszeit des Christentums bestätigte Gott damit die neue Botschaft des Evangeliums (Heb 2,4). Die Zeichen waren eine Beglaubigung für die Apostel, die es heute nicht mehr gibt (2. Kor 12,12). Wir können „in den letzten Tagen" nicht dieselben aufsehenerregenden Machterweisungen Gottes erwarten, wie sie sich in den „ersten Tagen" entfaltet haben, und damit ist auch die Situation verändert, was die Lästerung des Geistes betrifft.

Es geht um zwei Zeitalter

Der Herr Jesus beschränkte die Sünde, die nicht vergeben werden kann, auf *zwei Zeitalter*: „Wer aber irgend gegen den Heiligen Geist redet, dem wird nicht vergeben werden – weder in diesem Zeitalter noch in dem zukünftigen" (Mt 12,32). Die Lästerung des Geistes, die nicht vergeben wird, kann in zwei Zeitaltern geschehen: in dem Zeitalter, als der Sohn Gottes auf der Erde war („in *diesem* Zeitalter"), und in dem zukünftigen Zeitalter.

„Dieses Zeitalter", das Zeitalter des Gesetzes, ging zu Ende, nachdem Christus gekreuzigt war und Israel deshalb als Volk Gottes vorübergehend beiseitegesetzt wurde (vgl. Röm 10,4; 11,15). Das „zukünftige (oder: kommende) Zeitalter" wird anbrechen, wenn Gott sich seinem irdischen Volk Israel wieder zuwenden und ihnen die Segnungen des Tausendjährigen Reiches schenken wird (siehe Mk 10,30; Eph 1,10.21; Heb 6,5). Daraus leite ich ab, dass es in der gegenwärtigen Epoche, in der die Versammlung (Gemeinde) auf der Erde ist, die Lästerung des Geistes nicht geben kann.

Das steht nicht im Widerspruch dazu, dass es zur Zeit der Apostel die Lästerung des Geistes gegeben haben mag, wie wir das vorher gesehen haben. Denn die ersten Jahrzehnte des Christentums waren eine Übergangszeit, in der Gott sich zunächst noch mit *Israel* beschäftigte und ihnen kollektiv Vergebung anbot (Apg 5,31). Die Verkündigung der Apostel an die Juden wurde, wie die Botschaft des Herrn, von Wundern und Zeichen begleitet (Apg 2,22; 2,43; Heb 2,3.4). So erlebten die Hebräer in ihrer Mitte die Wunderwerke des *zukünftigen Zeitalters* (Heb 6,5). Sie sahen die Macht Gottes, die völlig offenbar werden wird, wenn Christus in Herrlichkeit erscheint.

Nachdem der Apostel Petrus einen gelähmten Mann geheilt hatte, sagte er zu dem *Volk* der Juden: „Durch den Glauben an seinen Namen hat sein Name diesen, den ihr seht und kennt, stark gemacht ... So tut nun Buße und bekehrt euch, damit eure Sünden ausgetilgt werden, damit Zeiten der Erquickung kommen vom Angesicht des Herrn und er den euch zuvor bestimmten Christus Jesus sende" (Apg 3,16.18-20). Die Obersten des Volkes gaben zu, dass ein *offenkundiges Zeichen* durch Petrus geschehen war, dennoch geboten sie den Jüngern, nicht mehr in dem Namen Jesu zu reden (Apg 4,16.17). Später steinigten sie Stephanus, der Wunder und große Zeichen unter dem *Volk* gewirkt hatte (Apg 6,8; 7,59). Energisch stritten sie gegen den Heiligen Geist, bis Gott endgültig einen Schlussstrich zog: Im Jahr 70 n. Chr. wurde der Tempel in Jerusalem durch die Römer zerstört und die Juden wurden in alle Himmelsrichtungen zerstreut. Zeichen und Wunder, die besonders für die Juden waren (vgl. 1. Kor 1,22), hörten auf. Damit verschwand auch die Möglichkeit, den Geist zu lästern.

Halten wir fest: Wir leben heute nicht in einem der beiden Zeitalter, in dem diese Sünde der Lästerung, für die es keine Vergebung gibt, begangen werden kann (und auch nicht in einer Übergangsphase). Wir dürfen darauf vertrauen, dass das Blut des Herrn Jesus uns von *jeder Sünde* reinigt (1. Joh 1,7).

Es geht um das Volk Israel

Der Zusammenhang in Matthäus 12 macht zudem klar, dass der Herr bei der Lästerung des Geistes das *Volk Israel* im Blick hatte. Es dreht sich in diesem Kapitel um das böse und ehebrecherische *Geschlecht* der Juden (V. 39.41.42). Sie, die den Geist Gottes mit dem Teufel gleichgesetzt hatten, werden selbst zur Beute von bösen Geistern werden (Mt 12,43-45). Das Thema in Matthäus 12 ist das Volk Israel und nicht das Volk, das Gott sich aus allen Nationen sammelt (Apg 15,14).

Das Wichtigste in Kürze

Wer den Geist lästert, bekommt keine Vergebung. Daran darf nicht gerüttelt werden. Dennoch sollte klar geworden sein, dass *deine* Ängste, den Geist gelästert zu haben, unbegründet sind. Denn:

- Bei der Lästerung geht es um bewusst ausgesprochene *Worte* und nicht um Gedanken.
- Wer sich mit dieser Frage quält und nach Gewissheit des Glaubens hungert, zeigt eine *innere Haltung*, die ein verstockter Lästerer niemals hat.
- Es gibt heute nicht die Möglichkeit, den Geist zu lästern, da Gott in dieser Zeit des Niedergangs *nicht* mehr die *Zeichen* des Anfangs bewirkt.

- Die Lästerung des Geistes kann nur in *zwei Zeitaltern* geschehen. Die gegenwärtige „Gnadenzeit" gehört nicht zu diesen Zeitaltern.
- Die Lästerung des Geistes steht besonders in Verbindung mit dem *Volk Israel*.

Das Blut Jesu Christi, seines Sohnes, reinigt uns von aller Sünde. (1. Johannes 1,7)

Ich bin nicht auserwählt. Was ist, wenn das stimmt? Wenn Gott mich nicht haben will, bin ich verloren!

Im Neuen Testament wird an verschiedenen Stellen davon gesprochen, dass Gott Menschen auserwählt hat (1. Pet 1,1.2; Eph 1,4; Jak 2,5 usw.). Diese Wahrheit hat Gott offenbart; Er hat aber nicht kundgetan, *wen* Er konkret auserwählt hat. Wir haben keinen Einblick in das Buch des Lebens, das im Himmel geführt wird.

Klar ist: Das Angebot des Heils gilt auch dir. Denn Gott will, dass *alle* Menschen errettet werden (1. Tim 2,4). Jeder darf von dem Wasser des Lebens umsonst nehmen (Off 22,17). Wer an den Herrn Jesus glaubt, wird gerettet (Apg 16,31). Wer gerettet ist, kann wissen, dass er auserwählt ist und sich mit diesem „Familiengeheimnis der Kinder Gottes" beschäftigen (1. Thes 1,4).

Ein Wanderer geht mühsam auf dem Weg des Lebens voran, gedrückt von seiner Schuld.

Schließlich kommt er zu einem Torbogen, auf dem steht: „Kommt her zu mir, alle ihr Mühseligen und Beladenen" (Mt 11,28). Vertrauensvoll marschiert er hindurch. Als er sich umdreht, liest er auf der anderen Seite des Torbogens die Inschrift: „Auserwählt vor Grundlegung der Welt" (Eph 1,4). Das zeigt: Wir nehmen die Einladung des Herrn Jesus, die sich an *alle* richtet, freudig an und entdecken *danach* den Ratschluss Gottes und sein souveränes Handeln von Ewigkeit her.

Wie können wir nun den Ruf Gottes an alle Menschen damit in Einklang bringen, dass Er eine Auswahl vor Grundlegung der Welt getroffen hat (Apg 17,30; Eph 1,4)? Müssen wir uns entweder für die Verantwortlichkeit des Menschen oder für die Souveränität Gottes entscheiden? Nein, das müssen wir nicht. Die Schrift lehrt eindeutig beides. Und wir sollen *alles* glauben, was die Schrift sagt (vgl. Lk 24,15). Die Verantwortung des Menschen, sich zu bekehren, und die souveräne Auswahl Gottes sind wie parallel laufende Schienen eines Gleiskörpers: Man kann sie nicht zusammenbringen. Wir erkennen beides an und entgehen damit der List Satans, der die Lehre der Auserwählung wie eine Nebelkerze gebrauchen möchte, um den Weg zum Heil und zur Gewissheit des Heils zu verdunkeln.

Gott will, dass alle Menschen errettet werden und zur Erkenntnis der Wahrheit kommen.
(1. Timotheus 2,4)

Ich bin zur Verdammnis bestimmt. Das jedenfalls ist meine Sorge. Rettung wäre dann für mich nicht möglich.

Niemand ist dazu bestimmt, verdammt zu werden! Gottes Wort redet ausschließlich von einer Erwählung zur Errettung und nicht von einer Erwählung zur Verdammnis (2. Thes 2,13).

Da das neunte Kapitel des Römerbriefes häufig angeführt wird, um eine Vorherbestimmung zur Verdammnis zu beweisen, wollen wir uns einige Verse aus diesem Kapitel näher ansehen.

In **Römer 9,13** steht ein Zitat aus Maleachi 1,2.3: „Jakob habe ich geliebt, aber Esau habe ich gehasst." Zeigt dieser Vers, dass Gott manche Menschen von Anfang an hasst und sie von dem Heil ausschließt? Nein, denn wir können diesen Vers, der von zwei Personen spricht, nicht einfach verallgemeinern. Und es geht ferner nicht darum, dass Gott Esau von Anfang an gehasst hätte, auch wenn es nach seinem Willen der Liebe war, Jakob eine höhere irdische Stellung zu geben (Röm 9,11.12; 1. Mo 25,23). Dementsprechend bezeugte Gott seinen Hass gegen Esau nicht im ersten Buch des Alten Testaments, sondern im letzten. „Esau habe ich gehasst" stand sozusagen nicht auf seiner Geburtsanzeige, sondern auf seinem Grabstein, nachdem seine Unbußfertigkeit und sein gottloses Leben offenbar geworden waren (Heb 12,16). Gott hasst das Böse – aber in seiner Menschenliebe möchte Er allen ewiges Leben geben (Tit 3,4; Joh 3,16).

In **Römer 9,18** lesen wir: „So denn, wen er [Gott] will, begnadigt er, und wen er will, verhärtet er." Wenn Gott begnadigt, wen Er will, und verhärtet, wen Er will, liegt dann nicht der Gedanke nahe, dass es Menschen gibt, die verloren gehen müssen, weil Gott ihre Verhärtung beschlossen hat? Nein. Denn in Römer 9 geht es zuerst um Israel und ihre besondere Stellung auf der Erde und nicht um Himmel und Hölle. Die Israeliten sind dann auch das Beispiel für die Begnadigung: Gott vernichtete sie nicht, obwohl sie Ihn durch die Anbetung des goldenen Kalbes gereizt hatten (2. Mo 32,8-10; Röm 9,15). Das Beispiel für Verhärtung ist der Pharao: Gott verhärtete sein Herz und vollzog an ihm und seinem Volk das ganze Gericht (2. Mo 9,12; vgl. Röm 9,17). Das tat Er aber erst, *nachdem* der Pharao selbst sein Herz mehrere Male verhärtet und sich geweigert hatte, das Volk Israel ziehen zu lassen (2. Mo 7,13.14.22; 8,15.28; 9,7).

Wir sehen: Gott verstockt nur solche, die *sich selbst* zuerst verstockt haben. Jemand, der danach ringt, seine Berufung und Erwählung innerlich festzumachen (2. Pet 1,10), hat jedoch bestimmt kein verhärtetes Herz. Außerdem lesen wir nirgends, dass Menschen in der „Gnadenzeit" überhaupt verhärtet werden. *Nach* der Entrückung der Gläubigen werden jedoch die verstockt werden, die das Evangelium der Gnade gehört und abgelehnt haben (2. Thes 2,11.12).

In **Römer 9,21-23** heißt es schließlich: „Hat der Töpfer nicht Macht über den Ton, aus derselben

Masse das eine Gefäß zur Ehre und das andere zur Unehre zu machen? Wenn aber Gott, willens, seinen Zorn zu erweisen und seine Macht kundzutun, mit vieler Langmut ertragen hat die Gefäße des Zorns, die zubereitet sind zum Verderben, und damit er kundtäte den Reichtum seiner Herrlichkeit an den Gefäßen der Begnadigung, die er zuvor zur Herrlichkeit bereitet hat." Gott ist der Töpfer, der Gewalt über den Ton hat und damit machen kann, was Er will. Wir Menschen haben deshalb nie ein Recht, Gott zu kritisieren. Er könnte, wenn es Ihm gefiele, auch Menschen zur Verdammnis bestimmen.

Doch genau davon spricht dieser Vers nicht! Die „Gefäße des Zorns" sind zwar zubereitet zum Verderben, aber nicht deshalb, weil Gott das vorherbestimmt hat. Er hat ja diese „Gefäße" mit Langmut ertragen und auf Buße gewartet (vgl. 2. Pet 3,9; Röm 10,21 und 11,7). Gott lässt Unglück und Gericht nur kommen, wenn Menschen in ihren bösen Wegen verharren (Jer 18,6.11.12). Die Menschen häufen sich durch ihre Sünden selbst den Zorn Gottes auf (vgl. Röm 2,5). Dass Gott die „Gefäße des Zorns" nicht zum Verderben zuvor bestimmt hat, wird noch klarer, wenn wir sehen, dass von den „Gefäßen der Begnadigung" ausdrücklich gesagt wird, dass Gott sie zur Herrlichkeit zuvor bereitet hat (Röm 9,23). Gottes Gnade führt in die Herrlichkeit. Die eigenen Sünden aber – und nicht eine Vorherbestimmung – führen zum Verderben.

Der Herr ... ist langmütig euch gegenüber, da er nicht will, dass irgendwelche verloren gehen, sondern dass alle zur Buße kommen.
(2. Petrus 3,9)

BLEIBE ICH ERRETTET?

Manche Gläubige zweifeln nicht daran, dass sie *heute* Kinder Gottes sind, aber sie wissen nicht, ob sie es *morgen* auch noch sein werden. Was ist, wenn Christen eine Sünde begehen und sie diese nicht aufrichtig vor Gott bekennen? Oder was geschieht, wenn Gläubige sich vom Herrn lossagen? *Kann ein Christ doch noch verloren gehen?*

Dass Menschen, die sich Christen *nennen*, verloren gehen können, ist unbestritten. Der Herr warnte seine Zuhörer: „Nicht jeder, der zu mir sagt: ‚Herr, Herr!', wird in das Reich der Himmel eingehen, sondern wer den Willen meines Vaters tut, der in den Himmeln ist" (Mt 7,21).

Doch was ist mit den wahren Gläubigen, die Jesus nicht nur „Herr" nennen, sondern Ihn auch als Herrn in ihrem Leben anerkennen? Können *sie* in der Hölle enden? Um diese wichtige Frage zu beantworten, wollen wir uns zunächst Bibelstellen ansehen, die die ewige Sicherheit der Gläubigen lehren. Danach wenden wir uns Bibelstellen zu, die auf den ersten Blick gegen die Heilssicherheit sprechen. So bekommen wir dann, mit Gottes Hilfe, ein gutes Bild davon, was die Bibel in dieser Sache sagt.

Die Gnade Gottes

Durch die Gnade Gottes sind wir errettet (Eph 2,8). Die Gnade schließt, wenn es um unsere Annahme bei Gott geht, Werke aus. Römer 4,4.5 sagt: „Dem aber, der wirkt, wird der Lohn nicht nach Gnade zugerechnet, sondern nach Schuldigkeit. Dem aber, *der nicht wirkt* [o. Werke vollbringt], sondern an den glaubt, der den Gottlosen rechtfertigt, wird sein Glaube zur Gerechtigkeit gerechnet."

Wir sind durch die Gnade errettet worden, unsere Werke waren da gar nicht gefragt. Und was für den Sünder gilt, der mit Gott versöhnt werden möchte, gilt auch für den Christen, der unterwegs zum Himmel ist. Wir kommen nicht in den Himmel, weil wir der Gnade noch unser Ausharren und unsere Treue hinzufügen. Nein, der Eingang in den Himmel basiert *allein* auf Gnade: „Sonst ist die Gnade nicht mehr Gnade" (Röm 11,6).

Haben denn Werke gar keine Bedeutung im Leben eines Christen? Doch gewiss. Aber wir tun die Werke nicht, um Kinder Gottes zu werden oder zu bleiben, sondern weil wir Kinder Gottes *sind*. Wir dürfen den Segen Gottes in Christus kennen und nun aus Dankbarkeit dienen! Unsere Werke *zeigen* den Glauben, der in unseren Herzen ist (Jak 2,17.18).

Wenn aber durch Gnade, so nicht mehr aus Werken; sonst ist die Gnade nicht mehr Gnade. (Römer 11,6)

Die Vergebung der Sünden

Gott hat die Sünden der Gläubigen von ihnen entfernt, "so weit der Osten ist vom Westen", Er hat sie "in die Tiefen des Meeres" geworfen und sie "getilgt wie einen Nebel" (Ps 103,12; Mi 7,19; Jes 44,22). Das Blut Jesu Christi hat uns von jeder Sünde gereinigt (1. Joh 1,7). Unserer Sünden und Gesetzlosigkeiten wird Gott *nie* mehr gedenken (Jer 31,34; Heb 10,17). Wenn Gott der Sünden *nie mehr* gedenkt, dann werden Kinder Gottes für ihre Sünden auch nicht mehr gestraft. Wie sollte das auch geschehen, da die Strafe zu unserem Frieden doch auf Jesus Christus am Kreuz lag (Jes 53,5)? Gott straft nicht zweimal für dieselben Sünden.

Der Schreiber des Hebräerbriefes zeigt in Kapitel 10,11-18, dass die Schlachtopfer, die in Israel dargebracht wurden, niemals Sünden wegnehmen konnten. Christus aber hat ein wirksames Schlachtopfer für Sünden dargebracht und sich für immerdar gesetzt zur Rechten Gottes. Und mit diesem Opfer "hat er auf immerdar die vollkommen gemacht, die geheiligt werden" (V. 14). Gläubige sind für *immer vollkommen* gemacht worden! Wie sollten sie in der Hölle enden? Sollte Gott sein Versprechen brechen und ihnen doch noch Schuld zur Last legen?

Ihrer Sünden und ihrer Gesetzlosigkeiten werde ich nie mehr gedenken. (Hebräer 10,17)

Die Gabe des ewigen Lebens

„Wer an den Sohn glaubt, hat ewiges Leben" (Joh 3,36). Können solche, die *ewiges Leben* haben, den zweiten Tod erleiden? Dann müsste das ewige Leben sterben oder dem Gläubigen wieder abgenommen werden können. Doch das ist undenkbar. Wir haben kein vorübergehendes Leben oder ein Leben bis zur nächsten Sünde, sondern *ewiges Leben*.

Das ewige Leben ist nicht wie ein Rucksack, den man anziehen und wieder ablegen kann. Wer das neue Leben empfängt, wird *selbst* völlig verändert: Der Glaubende geht vom Tod in das Leben hinüber (Joh 5,24). Das ist etwas Gewaltiges und Umwälzendes, was nicht einfach wieder rückgängig (und später wiederholt) werden kann. So, wie wir *einmal* eine natürliche Geburt erlebt haben, so werden wir auch nur *einmal* von neuem geboren (Joh 3,7).

> *Wahrlich, wahrlich, ich sage euch: Wer mein Wort hört und dem glaubt, der mich gesandt hat, hat ewiges Leben und kommt nicht ins Gericht, sondern ist aus dem Tod in das Leben übergegangen. (Johannes 5,24)*

Die Gabe des Heiligen Geistes

Wer an das Evangelium des Heils glaubt, empfängt den Heiligen Geist. Der Geist ist das Siegel, dass wir Gott gehören, und das Unterpfand, dass uns das Erbe gehört (Eph 4,30; 1,14). Gottes Geist wird in *Ewigkeit* bei uns bleiben (Joh 14,16), und deshalb ist es undenkbar, dass Christen in die *ewige Pein* kommen werden.

Wenn David gebetet hat: „Den Geist deiner Heiligkeit nimm nicht von mir!" (Ps 51,13), dann darf man nicht übersehen, dass diese Bitte zur Zeit des Alten Testaments ausgesprochen wurde, als der Geist in Menschen nicht *wohnte*, sondern nur *wirkte*. Davids Wunsch war also, weiterhin das Wirken des Geistes erleben zu dürfen, was nichts damit zu tun hat, dass das Siegel des Geistes bei einem Christen gebrochen werden könnte.

Ich werde den Vater bitten, und er wird euch einen anderen Sachwalter geben, dass er bei euch sei in Ewigkeit. (Johannes 14,16)

Der Ratschluss Gottes

Die Errettung eines Menschen basiert auf dem ewigen Ratschluss Gottes. Gott hat die Christen vor Grundlegung der Welt auserwählt und sie zuvor bestimmt zur Sohnschaft (Eph 1,4.5). In der Zeit beruft Er diese Auserwählten mit heiligem Ruf, und in der Zukunft wird Er sie in der Herrlichkeit vollenden (2. Tim 1,9; 2. Thes 2,13.14). Gibt es jemand, der diesen Plan durchkreuzen kann?

Der Ratschluss Gottes wird auch in Römer 8,29.30 vorgestellt. Dort heißt es: „Welche er

[Gott] zuvor erkannt hat, die hat er auch zuvor bestimmt, dem Bild seines Sohnes gleichförmig zu sein, damit er der Erstgeborene sei unter vielen Brüdern. Welche er aber zuvor bestimmt hat, diese hat er auch berufen; und welche er berufen hat, diese hat er auch gerechtfertigt; welche er aber gerechtfertigt hat, diese hat er auch verherrlicht." Gott hat die Gläubigen *zuvor erkannt*. Das bedeutet: Gott hat seine Aufmerksamkeit und Liebe auf diese Personen gerichtet, die Er in der zurückliegenden Ewigkeit dann auch *zuvor bestimmt* hat, dem Bild seines Sohnes gleichförmig zu sein. In der Zeit hat Er sie *berufen* und, da sie Sünder sind, auch *gerechtfertigt*. Schließlich wird Er sie in der Zukunft *verherrlichen*. Es fällt aber auf, dass hier die Vergangenheitsform steht: „… diese *hat* er auch verherrlicht." Das, was Gott sich vorgenommen hat und erst in der Zukunft vollenden wird, ist also so gewiss wie die Dinge, die bereits vergangen sind! Wir haben hier eine „Kette mit fünf Gliedern", die von Ewigkeit zu Ewigkeit reicht: zuvor erkannt – zuvor bestimmt – berufen – gerechtfertigt – verherrlicht. Ist es denkbar, dass diese „göttliche Kette" reißt? Sollte Gott jemand, den Er zuvor bestimmt hat, nicht berufen? Und sollte Er jemand, den Er gerechtfertigt hat, nicht verherrlichen? Gott steht mit seiner ganzen Autorität dafür ein, dass sein Ratschluss in Erfüllung geht.

Welche er aber zuvor bestimmt hat, diese hat er auch berufen; und welche er berufen hat,

diese hat er auch gerechtfertigt; welche er aber gerechtfertigt hat, diese hat er auch verherrlicht. (Römer 8,30)

Die Kronzeugen der Heilssicherheit

Im achten Kapitel des Römerbriefes finden wir Aussagen, die unmissverständlich die ewige Sicherheit eines Gläubigen bezeugen. Paulus zeigt, dass niemand erfolgreich die Auserwählten angreifen, anklagen oder verdammen kann (Röm 8,31-34). Danach geht er in **Römer 8,35-39** durch Raum und Zeit, um etwas zu finden, was uns von der Liebe Gottes scheiden kann – und kommt mit leeren Händen zurück. Nichts kann uns von Gott und seiner Liebe trennen! Auch unsere eigenen falschen Wege und Entscheidungen gehören dazu, denn alles, was auf der Erde geschieht, ist eingeschlossen in den Begriffen „Leben" oder „Gegenwärtiges" (Röm 8,38). Es steht felsenfest: *Niemand* kann uns von der Liebe Gottes scheiden.

In **Johannes 10,27-29** finden wir eine weitere, sehr wichtige Stelle für unser Thema: „Meine Schafe hören meine Stimme, und ich kenne sie, und sie folgen mir; und ich gebe ihnen ewiges Leben, und sie gehen nicht verloren in Ewigkeit, und niemand wird sie aus meiner Hand rauben. Mein Vater, der sie mir gegeben hat, ist größer als alles, und niemand kann sie aus der Hand meines Vaters rauben." In diesen Versen finden wir keine

Aufforderung oder Ermahnung für die Schafe der Herde Christi, sondern es werden sieben Tatsachen vorgestellt:

- Die Schafe hören die Stimme des guten Hirten.
- Der gute Hirte kennt seine Schafe.
- Die Schafe folgen dem guten Hirten.
- Der Hirte gibt ihnen ewiges Leben.
- Die Schafe gehen in Ewigkeit nicht verloren.
- Niemand wird die Schafe aus der Hand des Hirten rauben.
- Niemand kann die Schafe aus der Hand des Vaters rauben.

Es ist eine Tatsache: Niemand kann die Schafe, die Gläubigen, rauben!

Bedeutet das, dass die Schafe zwar von *niemand anders* geraubt werden können, dass sie aber selbst in der Lage sind, sich den Händen des himmlischen Vaters und des Sohnes zu entwinden? Nein, keineswegs. Denn ein Gläubiger hat nicht mehr Macht als alles andere im Universum. Sollte es ihm wirklich gelingen können, sich der Hand des guten Hirten und des großen Vaters zu entreißen? Sind wir stärker als der Sohn und der Vater? Wird Gott es erlauben, dass diese Schmach auf seinen Sohn fällt, der es als Hirte nicht vermocht haben würde, seine eigenen Schafe zu bewahren? Sollte der Wille Gottes des Vaters nicht erfüllt werden, dass sein Sohn niemand verliert (Joh 6,39)?

Außerdem sollten wir den genauen Wortlaut in diesen Versen beachten. Der Herr hat *nicht* gesagt: Sie gehen nicht verloren in Ewigkeit, *denn* niemand wird sie aus meiner Hand rauben, sondern: „... *und* niemand wird sie aus meiner Hand rauben." Dass Gläubige nicht geraubt werden können, ist also nicht eine Begründung, sondern eine weitere *Tatsache*, die für die Schafe gilt. Deutlicher kann es nicht gesagt werden: „Und sie gehen nicht verloren in Ewigkeit"!

Meine Schafe hören meine Stimme, und ich kenne sie, und sie folgen mir; und ich gebe ihnen ewiges Leben, und sie gehen nicht verloren in Ewigkeit, und niemand wird sie aus meiner Hand rauben.
(Johannes 10,27.28)

Weitere Bibelstellen zur Heilssicherheit

Viele Stellen der Schrift zeigen direkt oder indirekt, dass jeder wahre Christ das himmlische Ziel erreichen wird. Nachfolgend einige Stellen:

- Die Bibel versichert ohne Wenn und Aber, dass Gläubige *nicht gerichtet werden* (Joh 3,18; 5,24; Röm 5,6-11; 8,1).
- Christen können mit absoluter Gewissheit von ihrer *herrlichen Zukunft* sprechen (Röm 8,11.18; 1. Kor 15,49.58; 2. Kor 4,14; 5,1; Kol 3,4; 2. Tim 4,18; 1. Joh 3,2).

- Gott *vollendet* das *Werk*, das Er angefangen hat (1. Kor 1,8.9; Phil 1,6; 1. Thes 5,23.24).
- Gott stellt sich in seiner *Treue bedingungslos* auf unsere Seite (2. Thes 3,3; Heb 13,5).
- Der Durst und der Hunger unserer Seele sind auf *ewig* gestillt und werden nie mehr aufflammen (Joh 4,13.14; 6,35).

Wer an ihn glaubt, wird nicht gerichtet; wer aber nicht glaubt, ist schon gerichtet, weil er nicht geglaubt hat an den Namen des eingeborenen Sohnes Gottes. (Johannes 3,18)

Sind nicht manche vom Glauben abgefallen?

Trotz der zahlreichen Aussagen des Wortes Gottes glauben viele entschiedene Kinder Gottes, dass ein Gläubiger doch noch verloren gehen kann. Sie führen dafür unterschiedliche Gründe an. Wir wollen uns die wichtigsten Argumente ansehen.

„Ich habe jemand gekannt", so wird gesagt, „der dem Herrn nachgefolgt ist. Jetzt ist er Atheist. Das ist eindeutig jemand, der vom Glauben abgefallen ist."

Solche Erfahrungen scheinen zu bestätigen, dass Gläubige sich gänzlich vom Glauben abwenden können. Doch wir dürfen nicht vergessen, dass manche sich zu Christus bekennen, ohne Ihn wirklich zu kennen. Es ist für uns nicht immer einfach, einen bloßen Bekenner von einem wahren Gläubigen zu unterscheiden. Wir täuschen uns leicht darin, wer ein Kind Gottes ist. Das „beste" Beispiel dafür ist Judas Iskariot. Jahrelang war es den anderen Jüngern nicht aufgefallen, dass unter ihnen ein „Teufel" war (Joh 6,70). Sie entlarvten den Wolf im Schafspelz nicht. Erst der Verrat des Judas machte offenbar, dass er das Geld mehr liebte als den Herrn und dass er Jesus nicht von Herzen diente. Judas war kein wahrhaft Gläubiger, der an Christus irregeworden war, sondern er war von Anfang an ein „Teufel". Ähnliche Fälle gibt es leider auch heute noch.

Doch der feste Grund Gottes steht und hat dieses Siegel: Der Herr kennt, die sein sind. (2. Timotheus 2,19)

Haben wir einen Freibrief zum Sündigen?

Viele fragen: „Ist der ‚garantierte Himmel' nicht ein Freibrief zum Sündigen? Passiert es nicht sehr schnell, dass ein Christ die Sünde verharmlost, wenn er weiß, dass Gott ihn nie mehr richten wird?"

Das mag plausibel klingen, ist aber grundverkehrt, denn die Angst vor der Hölle ist lähmend (vgl. 1. Sam 25,37; Mt 28,4). Eine Ehe wird ja auch nicht dadurch besser, dass man das Damoklesschwert „Scheidung" über ihr aufhängt. Was uns am nachhaltigsten zur Treue anspornt, ist das Bewusstsein der Gnade Gottes. Diese Gnade wird keinen aufrichtigen Christen verleiten, mit der Sünde zu spielen. Die alte Frage: „Sollten wir in der Sünde verharren, damit die Gnade überströme?", wies Paulus entschieden zurück und stellte die Gnade als Kraft für ein Leben zur Ehre Gottes vor (Röm 6,1.2.14.15).

Wenn aber Menschen die Gnade Gottes als Deckmantel gebrauchen, um in der Sünde zu leben (Jud 4), dann gibt ihnen Gottes Wort keine Verheißung auf den Himmel. Nirgends finden wir in der Schrift eine Aussage wie: „Ihr könnt leben, wie ihr wollt, ihr kommt trotzdem in den Himmel." Die Bibel zeigt vielmehr, dass der Weg der Sünde der Weg zum Tod und zur Hölle ist (vgl. Röm 8,13; Jak 5,20). Wer in der Sünde lebt, mag mit seinem Mund die schönsten Bekenntnisse ablegen, aber für so jemand gibt es nur diese Botschaft: Dein Weg führt zur Verdammnis! Vielfältig sind die Warnungen der Schrift für die, die in der Sünde leben (Mk 9,43-48 etc.).

Doch gleichzeitig tröstet das Wort Gottes auch die Ängstlichen und zerstreut ihre Zweifel. Niemand, der die Gnade Gottes in Wahrheit erkannt hat und in dieser Gnade steht, braucht die Verdammnis zu fürchten (Röm 8,1).

Allerdings wissen Christen, dass böse Wege nach der Lehre der Schrift durchaus Konsequenzen haben. Ich möchte an dieser Stelle drei Konsequenzen nennen, die Christen zu einer sorgfältigen Lebensführung anreizen, ohne sie in ein Klima der Angst zu führen:

- Durch die Sünde verlieren sie den Genuss der Gemeinschaft mit ihrem Gott (vgl. Ps 32,3-5). Die Vater-Kind-Beziehung wird jedoch nicht angetastet (vgl. 1. Joh 2,1).
- Durch die Sünde setzen sie sich der Zucht des himmlischen Vaters und des Herrn aus (Heb 12,4-11). Im schlimmsten Fall beendet Gott sogar das irdische Leben seiner Kinder (Apg 5,1-6; 1. Joh 5,16), sie werden jedoch nicht zusammen mit der Welt verurteilt (1. Kor 11,32).
- Durch die Sünde schmälern sie den Lohn, den sie am Richterstuhl des Christus erhalten sollen. Das *Werk* eines Christen mag der prüfenden Heiligkeit Gottes dort nicht standhalten, er *selbst* aber wird in jedem Fall gerettet werden (1. Kor 3,14.15).

Sollten wir in der Sünde verharren, damit die Gnade überströme? Das sei ferne! – Die Sünde wird nicht über euch herrschen, denn ihr seid nicht unter Gesetz, sondern unter Gnade. (Römer 6,1.2.14)

Und die vielen Bibelstellen?

„Gibt es nicht", so wirft jemand ein, „zahlreiche Bibelstellen, die gegen die Heilssicherheit sprechen? Immer wieder wird betont, dass Gläubige verloren gehen können. Diese Stellen kann man nicht einfach ignorieren!"

Gewiss sollten wir das ganze Wort Gottes zur Geltung bringen. Deshalb möchten wir uns nun einige Verse ansehen, die in diesem Zusammenhang oft angeführt werden. Wir beschränken uns dabei auf Stellen aus dem Neuen Testament, da das Heil und die Segnungen eines Christen im Alten Testament nicht entfaltet werden.

In **Matthäus 5,13** lesen wir: „Ihr seid das Salz der Erde; wenn aber das Salz kraftlos geworden ist, womit soll es gesalzen werden? Es taugt zu nichts mehr, als hinausgeworfen und von den Menschen zertreten zu werden." Das Hinauswerfen bedeutet *nicht*, dass *Gott* jemand in die Hölle wirft; sondern der Vers handelt davon, dass *Menschen* ein kraftloses Zeugnis der Jünger verachten werden – geradeso wie nutzloses, ausgeschwemmtes Salz achtlos auf den Weg geworfen und dort von Menschen zertreten wird.

In **Matthäus 24,13** sagt der Herr zu seinen Jüngern: „Wer aber ausharrt bis ans Ende, der wird errettet werden." Hier möchte ich an den wichtigen Grundsatz erinnern, dass eine Schriftstelle nur in ihrem Zusammenhang erklärt werden kann. In Matthäus 24 und 25 geht es um die Zukunft des jüdischen Volkes (Mt 24,4-44), der Christenheit (Mt 24,45-25,30) und der Nationen (Mt 25,31-46). Die Aufforderung zum Ausharren steht in dem Abschnitt, der die Zeit der Drangsal nach der Entrückung der Gläubigen beschreibt. Es geht an dieser Stelle also nicht um *Christen*. Diejenigen, die in der Drangsal ausharren, sind treue *Juden*, die durch Ausharren beweisen, dass sie den allmächtigen Gott kennengelernt haben.

In **Johannes 15,1-8** vergleicht der Herr sich mit einem Weinstock und seine Jünger mit Reben. Es geht dabei um die Frucht, die *sichtbar* wird, und nicht um das ewige Leben, das an sich *nicht sichtbar* ist. Anders gesagt: Es geht um die Frage, wie sich jemand als Jünger des Herrn *erweisen* kann, und nicht darum, ob jemand ein wahrhaftiger Jünger *ist* (vgl. V. 8). Ein Weinstock hat viele Reben. Ob die Reben eine „Lebensverbindung" zu dem Weinstock haben, macht erst die Frucht offenbar. Wenn eine Rebe *keine Frucht* bringt, nimmt der Vater sie weg (V. 2). Es heißt nicht, dass die Rebe keine Frucht *mehr* bringt, sondern dass sie überhaupt keine bringt – sie hat also noch nie Frucht gebracht. Die fruchtlose Rebe ist das Bild eines Ungläubigen, der das neue Leben und den Geist nicht hat und deshalb nicht fähig ist, die „Frucht des Geistes" (Gal 5,22) hervorzubringen. Solche bleiben nicht in Christus und werden in das Feuer geworfen werden (V. 6). Das „Bleiben" ist der erkennbare Ausdruck einer inneren Lebensverbindung mit dem Sohn Gottes, durch die ein wahrer Christ gekennzeichnet ist (vgl. Joh 6,56).

In **1. Korinther 9,27** schreibt Paulus: „Ich zerschlage meinen Leib und führe ihn in Knechtschaft, damit ich nicht etwa, nachdem ich anderen gepredigt habe, selbst verwerflich werde." Lebte der Apostel etwa in der Sorge, verloren zu gehen?

Nein, das war durchaus nicht der Fall, wie andere Schriftstellen klar belegen (z. B. Phil 1,21.23). Paulus stellt hier an seiner eigenen Person exemplarisch vor, dass man verloren gehen kann, selbst wenn man Apostel genannt wird und das Wort Gottes verkündigt. Einen bestimmten „Status" zu haben und eifrig im Dienst zu sein, reicht nicht aus. Das Leben von Judas Iskariot redet eine deutliche Sprache. In den Versen, die auf 1. Korinther 9,27 folgen, führt Paulus den Gedanken weiter aus, dass es nicht genügt, äußere Vorrechte zu besitzen; er schließt aber den Abschnitt mit dem Blick auf die Treue Gottes, mit der wahre Gläubige immer rechnen dürfen (1. Kor 10,1-13).

Mit der Aussage in **Galater 5,4** „Ihr seid aus der Gnade gefallen" will man gern beweisen, dass ein Christ verloren gehen könne, wenn er bestimmte Sünden begeht oder sich von Christus lossagt. Doch aus der Gnade zu fallen bedeutet, sich aus dem Bereich der Gnade Gottes in den Bereich des Gesetzes zu begeben. Diesen Schritt taten die Galater, die im Gesetz gerechtfertigt werden wollten und sich damit unter den Fluch des Gesetzes stellten (Gal 5,4; 3,10). Die Galater mussten lernen, dass das Gesetz (das Prinzip der eigenen Werke) und die in Christus gebrachte Gnade nicht vermengt werden dürfen. Denn wer das tut, erklärt, was seine Verantwortung betrifft, die Gnade Gottes für ungültig (vgl. Gal 2,21).

Stellen wir uns einen armen Waisenknaben im 18. Jahrhundert vor, der von einem reichen

Gutsherrn aus Barmherzigkeit adoptiert wird und alles bekommt, was einem Sohn gehört. Eines Tages entdeckt der Vater, wie sein Junge, zwischen den Knechten sitzend, Schuhe sauber macht. Er erschrickt, als er dann auch noch von seinem Kind hört: „Ich will mich eifrig und demütig bemühen, damit ich Sohn bleiben darf!" Dieser Sohn nimmt – wie die Galater – eine falsche Grundlage ein und versteht nicht, was Gnade ist; dennoch bleibt er natürlich Sohn. Das zeigt, was Christen noch viel sicherer wissen dürfen: Sie bleiben immer Söhne Gottes. Gott hat uns in seine Gnade gestellt, seine Gnade begleitet uns, und Er wird uns in den kommenden Zeitaltern den überragenden Reichtum seiner Gnade in Güte erweisen (Röm 5,2; 2. Joh 3; Eph 2,7).

Stellen aus dem **Hebräerbrief** werden gern angeführt, um den Gedanken zu untermauern, dass Christen vom Glauben abfallen könnten. Doch der Brief an die Hebräer will niemand in Zweifel stürzen, sondern zur *vollen Gewissheit* führen (Heb 6,11; 10,22). Er redet von dem *ewigen* Heil, der *ewigen* Erlösung, dem *ewigen* Erbe und dem *ewigen* Bund (Heb 5,9; 9,12; 9,15; 13,20).

Der Hebräerbrief war an Juden gerichtet, die in Palästina wohnten. Dort gab es nach Pfingsten eine enorme Erweckung: Tausende wurden Christen. Bemerkenswerte Zeichen und Wunder geschahen durch die Hände der Apostel. Einige, die sich der neuen Bewegung anschlossen, waren jedoch nicht bekehrt. Als die Christen von den ungläubigen Juden verfolgt wurden, begann sich die Spreu vom Weizen zu trennen. Solche, die sich nur äußerlich zu Christus gehalten hatten, kehrten zum Judentum zurück, um dem massiven Druck zu entgehen. Das war der „Abfall", vor dem der Schreiber des Hebräerbriefs sehr deutlich warnt. Mit dieser Warnung wendet er sich *direkt* an die bloßen Bekenner, die den christlichen Glauben völlig über Bord werfen könnten; er rüttelt aber auch die wahrhaft Glaubenden auf, um sie vor jedem *Schritt* in diese *Richtung* zu bewahren.

In **Hebräer 3,12** und **6,6** wird ausdrücklich vom „Abfallen" gesprochen. Dabei geht es nicht um Gläubige, sondern um *Ungläubige*, die sich nur zum christlichen Glauben bekannt hatten. Denn einer, der abfällt, ist jemand, der „ein böses Herz des *Unglaubens*" hat (Heb 3,12). Und kurz danach sagt der Schreiber über die Gläubigen: „Wir, die wir geglaubt haben, gehen in die Ruhe ein" (Heb 4,3).

In **Hebräer 6,4.5** werden die Erfahrungen derer beschrieben, die abgefallen waren. Es geht dabei um die äußere Verbindung zum Christentum, nicht aber um die Segnungen eines wahren Kindes Gottes:

- Die christlichen Bekenner waren „erleuchtet" worden. – Als Christus in die Welt kam, wurden die Menschen durch Ihn *erleuchtet*, das heißt in das Licht Gottes gestellt. Aber nur einige erfassten es (Joh 1,9.5). Vom Licht angestrahlt zu werden, ist etwas anderes,

als wenn Gott in das *Herz* eines Menschen leuchtet und jemand „Licht in dem Herrn" wird (2. Kor 4,6; Eph 5,8).
- Sie hatten „die himmlische Gabe", Christus, geschmeckt. – *Schmecken* oder probieren ist nicht dasselbe wie verinnerlichen. Wer das Brot aus dem Himmel, Jesus Christus, *isst*, wird leben in Ewigkeit (Joh 6,51.56).
- Sie waren „des Heiligen Geistes teilhaftig geworden". – Das Substantiv des griechischen Wortes im Grundtext für „teilhaftig" wird an anderen Stellen mit „Genosse" übersetzt. Das zeigt gut, worum es geht: Diese Menschen waren Genossen des Heiligen Geistes geworden, da sie sich in dem *Bereich* bewegten, wo sich seine großartige Wirksamkeit entfaltete. Etwas ganz anderes ist es jedoch, wenn der Geist in das Herz eines Menschen gegeben und sein Körper der Tempel des Heiligen Geistes wird (2. Kor 1,22; 1. Kor 6,19).
- Sie hatten „das gute Wort Gottes geschmeckt". – Aber wir lesen nicht, dass sie durch das Wort Gottes wiedergeboren waren und es zur Nahrung für ihre Seele gemacht hatten (vgl. 1. Pet 1,23; Jer 15,16).
- Sie hatten auch die „Wunderwerke des zukünftigen Zeitalters" geschmeckt. – Man kann Wunder erleben und von ihnen beeindruckt sein, ohne sich zu bekehren (vgl. Joh 2,23-25).

Diese Menschen hatten das mächtige Wirken des Geistes Gottes in der Anfangszeit des Christentums erleben dürfen und sich äußerlich zu Christus bekannt. Aber in ihren Herzen hatte sich nicht wirklich etwas verändert. Wenn diese Menschen wieder in den Schoß des Judentums zurückkehrten, war für sie keine Buße mehr möglich (V. 6-8). Denn sie stellten sich damit auf die Seite des Volkes, das Christus gekreuzigt hatte, und bezeugten öffentlich, dass die Tötung Jesu zu Recht geschah. Damit verwarfen sie bewusst das einzige Mittel zur Rettung und konnten keine Gnade mehr finden.

Wenn heute von dem Abfall von Gläubigen gesprochen wird, wird manchmal gesagt, dass so jemand sich noch einmal bekehren kann. Aber das steht im Widerspruch zu Hebräer 6, wo es ausdrücklich heißt, dass es für einen Abgefallenen *kein Zurück* mehr gibt. Überhaupt finden wir nirgends in der Schrift, dass jemand sich mehrmals bekehrt hätte.

Beachten wir schließlich noch, dass gerade in diesem Abschnitt die wahren Christen wieder ermutigt werden: „Wir sind aber in Bezug auf euch, Geliebte, von besseren und mit der Errettung verbundenen Dingen überzeugt, wenn wir auch so reden" (Heb 6,9).

Die Stelle in **Hebräer 10,26-31** hat denselben Hintergrund wie Hebräer 6,6. Es geht um Juden, die *bekannt* hatten, an das Opfer Christi zu glauben, sich dann aber wieder zum Judentum mit dessen Opferdienst zurückwandten. Wer den Sohn Gottes auf diese Weise mit Füßen trat und sein Werk am Kreuz willentlich zurückwies, nahm den Charakter eines Widersachers Gottes an und hatte nur Gericht zu erwarten. Es geht hier nicht um wahre Christen – auch wenn es in diesem Abschnitt einige Formulierungen gibt, die manche zu dieser Schlussfolgerung geführt haben. Sehen wir uns das etwas genauer an:

- Der Schreiber des Briefes schließt sich mit ein und sagt: „Wenn *wir* mit Willen sündigen …" (V. 26). – Aber: Der Gebrauch des Wortes „wir" macht einfach klar, dass der Schreiber einen Grundsatz aufstellen will, der für diejenigen gilt, die sich zum Christentum bekennen (und das tat der Schreiber des Hebräerbriefes auch). Diesen Gedanken finden wir an vielen Stellen der Schrift, zum Beispiel in 1. Johannes 1,6.8.10.
- Die Abgefallenen hatten „die *Erkenntnis der Wahrheit*" (V. 26). – Aber: Erkenntnis kann man im Kopf haben, ohne dass das Herz berührt wird (vgl. Röm 1,28). So war es bei diesen Leuten, die dem Christentum den Rücken zugekehrt hatten.
- Die Abgefallenen waren durch das Blut des Bundes *„geheiligt* worden" (V. 29). – Aber: Mit „Heiligung" wird nicht immer eine innere Absonderung für Gott beschrieben (Heb 10,10.14; 1. Kor 6,11), sondern manchmal auch nur eine äußere (Heb 9,13; 1. Kor 7,14). Die

Abgefallenen waren durch die Teilnahme am christlichen Gottesdienst, der auf das Bundesblut Jesu gegründet ist, äußerlich geheiligt und abgesondert vom jüdischen System. Als sie sich vom christlichen Glauben wieder abwandten, wurde deutlich, was wirklich in ihren *Herzen* war.

Nach diesen Versen zeigt der Schreiber erneut, was für die Gläubigen gilt: „Wir aber sind nicht von denen, die sich zurückziehen zum Verderben, sondern von denen, die glauben zur Errettung der Seele" (Heb 10,39).

Mit **2. Petrus 2,20-22** schließt ein Abschnitt, der mit der Warnung vor falschen Lehrern begann (V. 1). Petrus beschreibt Menschen, die den „Befleckungen der Welt" entflohen waren und den Weg der Gerechtigkeit erkannt hatten, sich später aber vom Wort Gottes wegwandten, um sich noch schlimmer als vorher ihren Ausschweifungen hinzugeben. Diese Menschen waren von der christlichen Lehre nicht dauerhaft fasziniert, weil es keine Sache des Herzens war. Sie *kannten* den Weg der Gerechtigkeit, aber sie hatten ihn nie *geliebt*. „Es ist ihnen aber nach dem wahren Sprichwort ergangen: Der Hund kehrte um zu seinem eigenen Gespei und die gewaschene Sau zum Wälzen im Kot" (V. 23). Dieses Zitat veranschaulicht, dass sie sich nur äußerlich und nicht *innerlich* verändert hatten. Man kann ein Schwein aus dem Schlamm ziehen und blitzblank schrubben – doch ein

Schwein bleibt ein Schwein mit der Liebe zum Dreck. Seine Natur ist unverändert, und das wird sich früher oder später zeigen. Die falschen Lehrer hatten nie Buße getan, ihre Seelen waren nicht gereinigt worden und deshalb blieb ihre Liebe zur Sünde auch ungebrochen.

In **Offenbarung 2,7.11.17.26-28; 3,5.12.21** werden den Überwindern großartige Segnungen in Aussicht gestellt. Wer nicht überwindet, wird diese Segnungen nicht empfangen und den zweiten Tod erleiden (vgl. 2,11). Werden also strauchelnde Gläubige doch verloren gehen? Nein. Denn letztlich ist jeder Gläubige ein Überwinder. Johannes, der Schreiber der Offenbarung, bezeugt das in seinem ersten Brief: „Alles, was aus Gott geboren ist, überwindet die Welt; und dies ist der Sieg, der die Welt überwunden hat: unser Glaube. Wer ist es, der die Welt überwindet, wenn nicht der, der glaubt, dass Jesus der Sohn Gottes ist?" (1. Joh 5,4.5). Gläubige überwinden prinzipiell, weil sie das neue Leben und den Glauben an den Sohn Gottes haben. Die Stellen in der Offenbarung spornen uns freilich an, Hindernisse zu überwinden und unserer Verantwortung zu entsprechen; sie sind aber nicht dazu da, Angst vor der Hölle zu schüren.

In **Offenbarung 3,5** lesen wir: „Wer überwindet, der wird mit weißen Kleidern bekleidet werden, und ich werde seinen Namen *nicht* auslöschen aus dem Buch des Lebens, und ich werde seinen Namen bekennen vor meinem Vater und vor seinen Engeln." Aus dieser Stelle schließen manche, dass

Glaubende aus dem Buch des Lebens ausgetragen werden und somit das ewige Leben verlieren könnten. Doch weder diese Stelle noch irgendeine andere im Neuen Testament sagt, dass jemand tatsächlich aus dem Buch des Lebens gelöscht wird (vgl. Phil 4,3; Off 13,8; 17,8; 20,12.15; 21,27). Der obige Vers bezeugt ja gerade, dass es *nicht* geschehen soll, und erinnert damit an das große Wort des Herrn: „... und sie gehen *nicht* verloren in Ewigkeit" (Joh 10,28).

Offenbarung 3,5 ermuntert die Überwinder mit der Aussicht auf das, was sie im *Himmel* erleben werden. Die weißen Kleider werden sichtbar machen, dass sie sich nicht mit den bösen Dingen der Welt besudelt haben. Und ihre Namen, die auf der Erde wenig galten und oft aus kirchlichen Verzeichnissen eliminiert wurden, werden in Gottes Buch gefunden und durch den Herrn Jesus im Himmel bekannt werden. Viele behaupten heute, Christen zu sein und zu *leben* (Off 3,1) – doch dann wird einmal offenbar werden, wer wirklich im Buch des Lebens steht. Und das sind alle, die aus Gott geboren sind.

Weit verbreitet ist die Ansicht, dass bei der Bekehrung die Namen ins Buch des Lebens eingetragen werden. Doch wir lesen von den Gläubigen des jüdischen Überrestes, die nach der Entrückung in der Drangsalszeit leben werden, dass ihre Namen bereits *von Grundlegung der Welt an* im Buch des Lebens stehen (Off 13,8; 17,8). Und es liegt nahe, dass die Namen derer, die zur Versammlung

Gottes gehören, sogar *vor Grundlegung der Welt* in das Buch des Lebens eingetragen wurden (vgl. Eph 1,4). Es wird deutlich: Das Buch des Lebens steht mit Gottes Ratschluss in Verbindung. Gott hat sich vorgesetzt, bestimmten Menschen ewiges Leben zu geben (vgl. Apg 13,48). Ihre Namen hat Er in sein Buch „aufgeschrieben". Und durch unser Versagen können wir seinen heiligen Ratschluss nicht durchkreuzen.

Wenn im Alten Testament die Rede davon ist, dass jemand aus dem Buch des Lebens ausgelöscht wird (Ps 69,29; vgl. 2. Mo 32,32.33), dann ist übrigens ein *anderes* Buch des Lebens gemeint. Die Schreiber des Alten Testamentes hatten das natürliche, irdische Leben vor Augen – wir könnten darum von dem „Buch des Lebens der Erde" sprechen. In dieses Buch wird man offenbar bei der Zeugung ein- und beim Tod wieder ausgetragen. Aus dem „Buch des Lebens des Himmels", das wir im Neuen Testament finden, wird jedoch niemand ausgelöscht. Wer ewiges Leben hat, wird es nicht verlieren. Gott sei Dank!

Wir sind aber in Bezug auf euch, Geliebte, von besseren und mit der Errettung verbundenen Dingen überzeugt, wenn wir auch so reden. (Hebräer 6,9)

Ein Wort zum Schluss

Die Angst und die Sorge um das ewige Heil werden aus unterschiedlichen Quellen gespeist. Die einen grämen sich über das, was in der *Vergangenheit* war, andere beschäftigen sich mit ihren *gegenwärtigen* Gefühlen und Empfindungen und wiederum andere blicken sorgenvoll in die *Zukunft*. Gut, dass Gottes Wort auf alles eine Antwort gibt!

Vergangenheit

„Habe ich zu viel Schuld auf mich geladen? Habe ich genug Buße getan? Habe ich meine Sünden richtig bekannt?" Wenn dich solche Fragen quälen, solltest du eins bedenken: Gott hat den Weg zum Heil nicht schwer, sondern leicht gemacht. Bei Behörden erlebt man zuweilen, dass berechtigte und völlig plausible Anträge abgelehnt werden, weil ein kleiner Formfehler vorliegt. So geht es nicht bei dem Gott aller Gnade zu! Er sieht zuerst auf das Herz.

Der sterbende Räuber am Kreuz betete ein Sekundengebet und empfing eine Antwort für die Ewigkeit (Lk 23,39-43). Er hatte sich als verloren erkannt und sein Vertrauen auf Jesus Christus gesetzt. Und das war genug, um mit dem Herrn Jesus in das Paradies einzugehen. Hast du dein sündiges Leben verurteilt und dich vor einem heiligen Gott auf das Werk seines geliebten

Sohnes berufen? Dann bist du gerettet für alle Ewigkeit.

Du brauchst dich auch nicht mit den speziellen Fragen zu beunruhigen, ob du die Sünde zum Tod begangen oder den Geist gelästert hast oder zur Verdammnis bestimmt bist. Denn die Sünde zum Tod hat nichts mit der Ewigkeit zu tun, die Lästerung des Geistes wird nicht von solchen verübt, die nach dem Heil verlangen, und die Vorherbestimmung zur Verdammnis ist eine Erfindung von Menschen und nicht die Lehre der Schrift.

Gegenwart

„Ich fühle nicht, dass ich errettet bin! Ich liebe den Herrn Jesus nicht genug! Mein Glaube reicht nicht aus!" Wer so spricht, sollte gut bedenken: Gott möchte, dass wir nicht auf uns sehen, sondern auf den Herrn Jesus und sein Werk. Der Ruf Johannes' des Täufers gilt auch dir: „Siehe, das Lamm Gottes!" (Joh 1,36).

Als der Prediger C. H. Spurgeon 15 Jahre alt war, war er verzweifelt. Er hatte schon oft das Evangelium vernommen, aber er schien blind für das Licht zu sein. Eines Tages hörte er einen einfachen Mann predigen. Dieser redete ihn plötzlich in der Predigt direkt an und sagte: „Junger Mann: Sieh auf Jesus Christus. Sieh! Sieh! Sieh! Du musst nichts tun, als nur sehen, und du wirst leben!" Spurgeon fiel es wie Schuppen von den

Augen. Er schreibt dazu: „Ich befestigte meinen Anker auf Golgatha, ich erhob meine Augen zu Gott, und seither bin ich lebendig und frei von der Hölle."

Spurgeon erlangte die Gewissheit des Heils und konnte schreiben: „Paulus sagt: ‚Es ist keine Verdammnis für die, die in Christus Jesus sind … Da wir nun gerechtfertigt worden sind aus Glauben, so haben wir Frieden mit Gott' (Röm 8,1; 5,1). Wenn ich mein Vertrauen allein auf Jesus richte und an Ihn glaube, wäre es dann nicht zehntausendmal absurder, keinen Frieden zu haben, als mit unaussprechlicher Freude erfüllt zu sein? Nur der nimmt Gott beim Wort, der weiß, dass die Errettung die notwendige Konsequenz des Glaubens ist."

Zukunft

„Heute genieße ich Gottes Liebe, aber es ist nur ein Schritt zur Finsternis. So wie ich mich für Christus entschieden habe, kann ich mich aber auch wieder von Ihm abwenden." Wer so spricht, sollte gut bedenken: Die Errettung ist das Werk Gottes, das auf seinem Vorsatz basiert. Und Gottes Plan kann keiner durchkreuzen und sein Werk niemand zerstören.

Als der Apostel Paulus einmal in Seenot geriet, ermutigte Gott ihn, so dass er allen Leuten auf dem Schiff zurufen konnte: „Jetzt ermahne ich euch, guten Mutes zu sein, denn kein Leben von euch wird verloren gehen, nur das Schiff. Denn ein Engel des Gottes, dem ich gehöre und dem ich diene, trat in dieser Nacht zu mir und sprach: Fürchte dich nicht, Paulus! Du musst vor dem Kaiser erscheinen; und siehe, Gott hat dir alle geschenkt, die mit dir fahren. Deshalb seid guten Mutes, ihr Männer! Denn ich vertraue Gott, dass es so sein wird, wie zu mir geredet worden ist" (Apg 27,22-25). Ob das alle Männer auf dem Schiff geglaubt haben? Gott löste sein Versprechen jedenfalls ein und der Bericht über die Schifffahrt endet mit den Worten: „Und so geschah es, dass alle an das Land gerettet wurden" (Apg 27,44).

Im Blick auf den Himmel ist es genauso! Alle wahren Christen werden das Ziel erreichen, so wie Gott es gesagt hat. Auch die Zweifler werden dort ankommen und ihren Retter einmal in der Herrlichkeit bewundern. Was für eine Freude wird das für alle Erlösten sein!

Jesus, Anker meiner Seele,
Du hältst Sturm und Wogen stand
und führst sicher mich ans Land;
Dir, Herr, ich mich anbefehle,
bis mein Boot, nach letzter Flut,
still im ew'gen Hafen ruht.
P. W.

BIBELSTELLENVERZEICHNIS
(enthält nur die etwas ausführlicher behandelten Bibelstellen)

2. Mose
12,13 30-31
14,13.14 40

4. Mose
12,1-14 48
21,4-9 23
35,6-34 21

5. Mose
19,1-21 21

Josua
20,1-9 21

2. Könige
5,1-14 22

Psalm
51,13 67

Matthäus
5,13 76
9,18-22 46-47
12,31.32 50-57
24,13 76-77

Markus
3,28.29 50-57
5,25-34 46-47
9,14-27 44

Lukas
5,31.32 10
8,43-48 46-47
12,10 50-57
15,7 19
18,13.14 20
23,39-43 86

Johannes
1,36 87
2,23-25 81
3,6 37
3,14.15 23
3,36 66
5,24 66
6,70 73
10,27-29 69-70
14,16 67
15,1-8 77
20,31 15
21,17 34

Apostelgeschichte

5,1-11	48
27,22-25	88-89
27,44	88-89

Römer

4,4.5	64
6,1.2	74
6,6	35
6,14.15	74
7,7-24	39-40
8,1	36,74
8,3	35
8,7	38
8,29.30	67-69
8,31-39	69
9,13-23	59-62
11,6	64

1. Korinther

1,18	14
3,14.15	75
9,27	77-78

2. Korinther

12,12	53

Galater

5,4	78-79
5,17	41
5,22	41,77

Epheser

1,4	57-58,67
1,14	67
4,22	35
4,30	67

Kolosser

3,9	35

1. Thessalonicher

1,4	57

1. Timotheus

1,15.16	17
2,4	58

2. Timotheus

1,12	27

Hebräer

2,4	53
3,12	80
6,6	80-82
6,9	85
10,14	43,65
10,17	65
10,26-31	82-84

Jakobus

2,5	57

1. Petrus

1,1.2	57
2,24	35

2. Petrus

2,20-22	84-85

1. Johannes

1,9	20
3,9	38
5,4.5	85
5,9	28
5,13	15
5,16	47-49

Offenbarung

2,7.11.17.26-28	85
3,5.12.21	85

Dies habe ich euch geschrieben,
damit ihr wisst,
dass ihr ewiges Leben habt,
die ihr glaubt an den
Namen des Sohnes Gottes.

1. Johannes 5,13